天下文化

BELIEVE IN READING

在時代之上·與世界對話

臺大工學院追求卓越80年

丁希如、邵冰如、陳育晟 著

目　錄

序

與世界共同成長，為國家培育人才

陳文章．臺大校長

臺大工學院成立至今80年，臺大也將在2028年迎接百歲生日。將近一世紀的歷程，我們與台灣一起成長，培育無數人才。

大半世紀前，化工系畢業生為台灣石化產業打下根基，機械系培育的人才推進了台灣從農業轉型到工業社會的腳步；1970年代，十大建設或如翡翠水庫等民生設施，不乏土木系校友的身影；1980年代起，電機系畢業生引領台灣半導體產業的崛起與前進，成就台灣今日成為全球供應鏈的關鍵角色；到了21世紀，全台上市櫃公司董事長或總經理，約三分之一來自臺大，有相當比例來自工學院。

校友在學術界也卓有成就，當選美國國家工程學院與科學院院士的比例，位居全球華人大學之首，甚至在國際頂尖大學發光發亮，例如：美國加州大學聖塔芭芭拉分校任期最長的校長楊祖佑、加州大學柏克萊分校第一位華裔校長田長霖，都畢業自臺大工學院。

人才培育、教學研究，是大學的兩大使命，但臺大身為台灣高等教育龍頭，還有另一個重要使命，就是擔任政府智庫，給予適當的政策建言，並引領社會風潮。面對新的時代，我期許臺大各學院和系所，持續培養具備專業能力、執行力、跨域素養、利他精神和國際視野的領導人才。尤其國際視野的拓展，自我上任校長以來，經常鼓勵學生離開舒適圈，前往不一樣的環境，透過長時間的觀察與互動，認識其他國家的文化歷史和思想背景。

目前臺大全力推動國際交流與國際合作計畫，除了交換生和雙聯學位，並推出較短期的新型態國際學程，時間從兩週到兩個月，今（2025）年參加學生至少有500人，未來會增加為每年500人至1,000人，預期工學院學生會是其中主力。

我們這兩年也不斷深化與國際頂尖大學的合作，包括：與日本九州大學、伊利諾大學香檳分校簽署合作備忘錄，另與日本筑波大學、法國科諾伯勒阿爾卑斯大學簽署三校聯合中心合作備忘錄，推動共同研究及學術研討，帶動學生擴大國際視野。

面對全球高等教育競爭，臺大致力提升論文引用數，在英國高等教育調查機構（QS）新公布的2026世界大學排名，我們位居全球第六十三，創下歷年最佳成績。我們必須強化研究的深度和國際影響力，增加國際合作、投入全球性議題，在2028年朝全球前50名邁進。

對一所大學來說，排名並非終極目標，無論是初度80歲生日的工學院，或即將邁入百年的臺大，都會謹記使命，培育每一個臺大人成為值得尊敬的人，為社會和世界做出更多貢獻。

序

迎向全球挑戰，開創工學新局

江茂雄・臺大工學院院長

臺大工學院80年了，工學院的發展史，不僅是一段工程教育的演進史，更是一部台灣科技與產業成長的縮影。

80年，是一段足以見證歷史變遷與學術脈動的時光，也足以驗證工學院始終站在國家發展與科技創新的關鍵位置，見證並參與台灣從農業社會邁向工業化、現代化，直至今日知識經濟與數位轉型的深刻歷程。

回顧這段歷史，從戰後重建、十大建設等國家重大建設，味精、水泥等民生工業發展，到電子、半導體等科技產業崛起，再到近年面對淨零轉型、智慧製造、人工智慧科技、空間治理與災害韌性、國際鏈結等全球議題和挑戰，每個關鍵時刻，都有工學院師生與校友的身影。

隨著時代進步，我們持續加強在國際化、跨域創新及永續發展上的布局，致力吸引國際優秀學生與學者，讓世界進入校園、讓台灣與世界對話，從強化全英語授課環境，到積極促進國際研究網絡、深化跨院系整合到鏈結產業需求，積極與世界頂尖學府建立實質合作關係，也擴大雙聯學位與交換計畫的深度與廣度，使得每一位工學院學生，不僅是工程專才，更是具備國際視野與社會關懷的世界菁英。

《在時代之上·與世界對話》的出版，爬梳了工學院在不同歷史階段展現出的使命感與前瞻性，讓讀者看見工學院不僅重視基礎學科的培養，也關注工程倫理與社會脈動，認識到工學院不只是研究成果的產出者，更是科技發展的參與者與價值的塑造者。

工程是國家建設的基石、社會進步的動能。80年來，工學院秉持「教學與研究相輔相成」的教育目標，培育無數人才，他們將所學化為社會實踐，在產業、學術與公共領域發光發熱，足跡遍及國內外，不僅體現工學院精神，也彰顯工學院肩負的榮耀與使命。

未來的挑戰不會減少，工學院的貢獻會更顯著。工學院將繼續秉持開放、多元、務實的精神，依循「成為世界一流的工學院」願景，在教學、研究與社會貢獻三方面持續精進，並透過國際合作與創新實踐，為台灣、為世界提供可行且具前瞻性的專業解方。

追求卓越 80 年

寫下紀錄的故事

也許是輕鬆的日常，
也許是走過風雨的堅持，
每一個歷史的印記都是值得回憶的旅程，
讓我們看見過去，
讓我們更懂未來。

「天字第一號」畢業證書

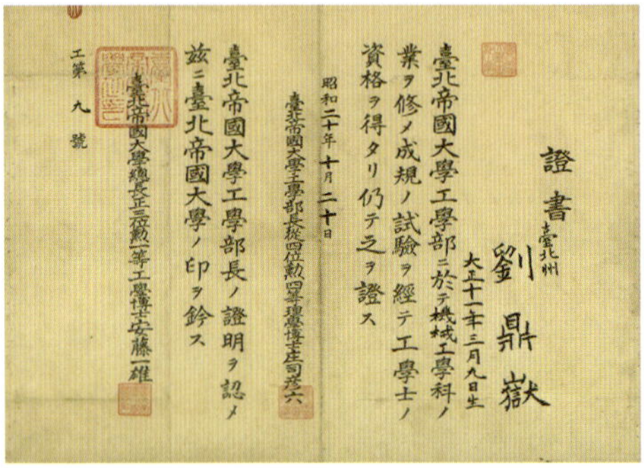

證書

臺北州 劉鼎嶽

大正十一年三月九日生

臺北帝國大學工學部ニ於テ機械工學科ノ業ヲ修メ成規ノ試驗ヲ經テ工學士ノ資格ヲ得タリ仍テ之ヲ證ス

昭和二十年十月二十日

臺北帝國大學工學部長從四位勳四等工學博士庄司彥六

茲ニ臺北帝國大學工學部長ノ證明ヲ認メ臺北帝國大學ノ印ヲ鈐ス

臺北帝國大學總長正三位勳一等工學博士安藤一雄

工第 九 號

臺大機械系名譽教授劉鼎嶽是工學院第一屆畢業生。

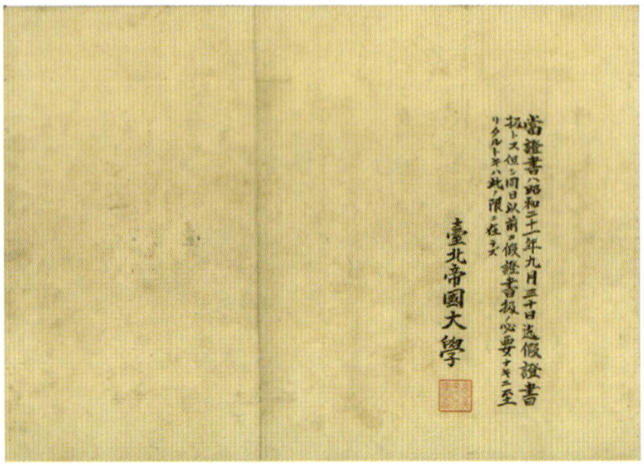

當證書ハ昭和二十一年九月三十日迄假證書扱トス但シ同日以前ニ假證書扱ノ必要ナキニ至リタルトキハ此ノ限リニ在ラズ

臺北帝國大學

劉鼎嶽於1945年獲頒台北帝大的臨時畢業證書。

兩張畢業證書，一張是台北帝大所發，另一張是臺大所發，但都屬於同一人——臺大機械系名譽教授劉鼎嶽。

1943年9月，台北帝大工學部招收首屆學生，設有土木工學科、機械工學科、電氣工學科及應用化學工學科四科。首屆學生53位，但在不平等的招生政策下，只有機械工學科劉鼎嶽、應用化學工學科李薰山是台籍生，其他都是日人子弟。累計3屆共182位學生，台籍生仍只有10位。

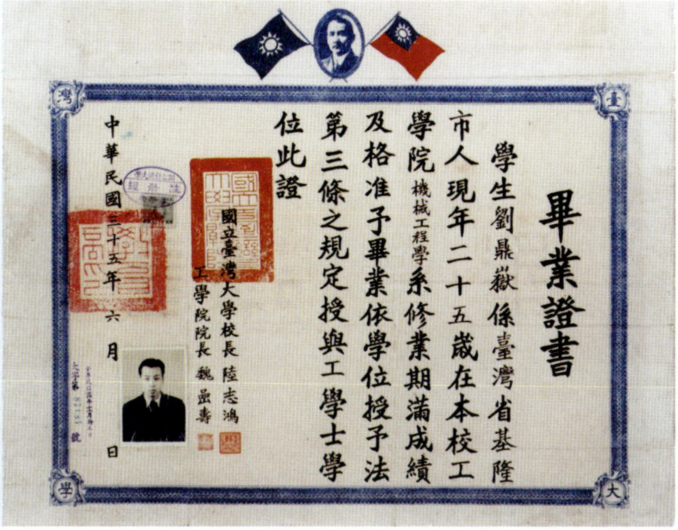

畢業證書

學生劉鼎嶽係臺灣省基隆市人現年二十五歲在本校工學院機械工程學系修業期滿成績及格准予畢業依學位授予法第三條之規定授與工學士學位此證

國立臺灣大學校長 陸志鴻

工學院院長 魏嵒壽

中華民國三十五年六月 日

劉鼎嶽成為第一也是唯一一位同時獲得台北帝大和臺大畢業證書的學生。

當時工學部學制是3年制，劉鼎嶽按理應在1946年6月畢業，孰料1945年8月15日，日本戰敗宣布投降，台北帝大於是決定在1945年10月發給該屆學生臨時畢業證書。其中，劉鼎嶽拿到畢業證書後，自願留下繼續修業一年而未離校，在1946年6月獲得臺大頒發的「天字第一號」畢業證書，證書背面騎縫處還有「臺學字第壹號」字樣。

同一人獲頒兩張畢業證書，見證了從台北帝大過渡到臺大的歷史。

文／丁希如

百年工學的起點

1943年落成的工學部新館，由機械、電機、化工和土木共用。

保留舊機械館的右側館舍，改設為工學博物館。

1943年，台北帝國大學成立工學部，坐落在水杉道西側的工學部新館（現為工學博物館）也同時落成。館舍採用了現代式建築的設計，屋頂的三角形山牆則帶有些許日本傳統建築味道，除了2樓樓板外，都沒有使用鋼筋，而是靠牆壁支持建物的重量。

改制為臺大工學院後，建築交由機械系使用，成為台灣發展工業的高等教育基地與代表建築物，2015年更獲登錄成台北市歷史

2022年落成的機械系館／宗倬章館，位於志鴻館原址。

建築。不過，因內部老舊，甚至被學生戲稱為「鬼屋」，而為兼顧保留歷史與更新空間的雙重考量，臺大傾力改建舊機械館，拆除西側2/3館舍，但保留立面。

另外，保存與復原東側1/3館舍，改造為「工學博物館」，在邁入80歲的2024年年底揭幕，並開放參觀，臺大工學院也在這棟新舊交融的建築中，向世人展示華麗轉身的機械館過往榮光與新未來。

文／丁希如

別具匠心的化工一館

化工一館的建築，延續日治時期設計風格。

面對多雨的天氣，建築外牆使用十三溝面磚以利於排水。

二次世界大戰後，臺大修建了多棟現代建築，光是出自有「建築詩人」美譽的王大閎之手的設計，就有20餘棟。工學院的化工一館，正是代表作品之一。

王大閎於牆面沿用日治時期公共建築常用的十三溝面磚，既有在多雨的台灣利於排水的好處，也接續了前期建築的特色，融入校園的整體風格；傳承之外，王大閎也加入創新特色，例如，他很重視的立面設計元

整建後的化工館，繼續陪伴著化工人走向新未來。

素——雨遮，化工一館採用的是弧形斬石子，呼應入口處的弧拱，成為一大亮點。

不過，歷經過一甲子風雨，建築難免老化、汙損，為了能長久維護臺大化工人共同的家，化工系在2021年設系接近80年時，號召系友捐款支持整修，獲得熱烈響應，讓這棟歷史建築再現風華，繼續陪伴化工人走向下一個80年。

文／丁希如

台灣第一座拖航水槽

台灣第一座拖航水槽
於1968年建成。

設置拖航水槽有助於
台灣發展造船產業。

台灣四面環海，海洋不僅塑造了這片土地的邊界，更決定了它的發展方向。

自古以來，船舶承載著貿易、國防與探索的使命，而1968年，臺大船模實驗室建立了台灣第一座拖航水槽，也是台灣最具歷史的拖航水槽，影響造船產業發展。

造船工業雖屬傳統產業，或許較難蓬勃發展，但台灣的地理條件決定了這門技術

台灣四面環海，船模實驗室的成立在國防領域有其必要性。

的不可或缺，尤其在國防領域，軍艦、潛艦等關鍵載具，唯有自主研發才能真正掌握核心技術。而臺大所擁有的設備與師資皆屬國內首選，許多研究設備也都是大學稀有之設備，例如：船模試驗水槽與大型CNC五軸加工機，皆為精密船舶設計與製造的關鍵工具。

文／丁希如

土木系第一位外籍生

卡艾瑋（左三）取得博士學位後，進入臺大土木系任教。

帶入國外的教育方法和理念，是卡艾瑋（右三）致力的方向。

1994年，臺大工學院土木研究所迎來第一位外籍學生卡艾瑋（Herve Capart），拿到臺大土木系碩士學位和比利時魯汶大學博士學位之後，他又再次進入工學院土木系，只不過這一次，他成了系上第一位外籍教師，還曾經擔任土木系副主任。

這位比利時學者帶著歐洲文化的底蘊，為愛飄洋過海、奔赴異鄉，努力適應、融入台灣的文化。他喜愛台灣的自然環境，認為

卡艾瑋（前排右一）於
畢業前與教授楊德良
（前排中）合影。

全世界研究水利的都應該來台灣看看；他也將國外的教育方法和理念帶入，希望讓學生看到更廣闊的世界。

對於「老字號」的土木系，如何在數位時代展現新風貌，給予學生更貼近職場與現實需求的知能，也很有一套想法。接納和包容多元的異文化，是讓本體更強大的妙方，在學術領域亦是如此。

文／丁希如

《建築法》裡的關鍵字

土木系所致力推動土木工程教育、教學規劃與研究組織改進。

九二一大地震造成的災害，促使台灣強化更安全的建築法規，並提升工程品質。

土木工程系vs.建築系、土木技師vs.建築師，兩者專業不同，無法互相取代。所以，《建築法》第13條明文規定：「有關建築物結構及設備等專業工程部分，除五層以下非供公眾使用之建築物外，應由承辦建築師交由依法登記開業之專業工業技師負責辦理，建築師並負連帶責任。」

1992年12月，有建築師出身的立委提案修改，將法規內的「應」字改為「得」字，並一讀通過。一字之差，「必須」變成「可

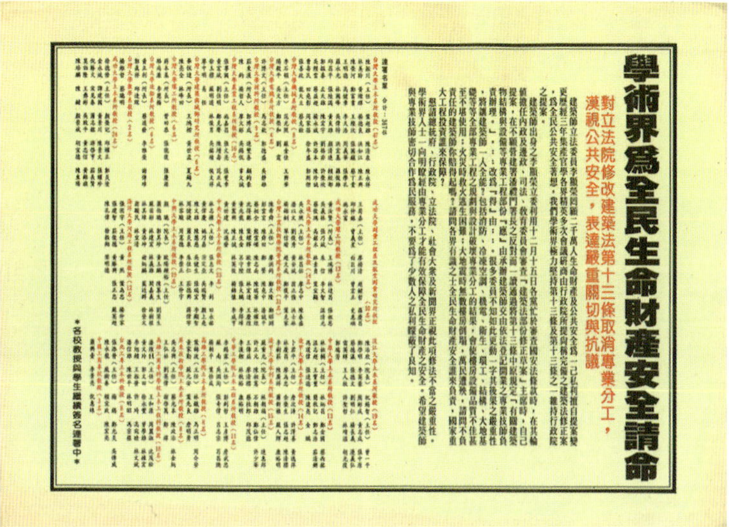

學術界為全民生命財產安全請命

對立法院修改建築法第十三條取消專業分工，漠視公共安全，表達嚴重關切與抗議

建築師立法委員李顯榮因顧二千萬人生命財產及公共安全為一己私利擅自提案變更歷經三年集產官學各界精英多次會議研商由行政院所提與稱完備之建築法修正案，為全民公共安全著想，我們學術界極力堅持第十三條及第十三條之一維持行政院之提案。

建築師出身之李顯榮立委利用十二月十五日各黨忙於審查國安法條款時，在其輪值擔任內政及邊政、司法、教育委員會審查「建築法部份修正草案」主席時，自己提案，在不顧營建署潘禮門署長之反對而一讀通過將第十三條中原規定「有關建築物結構與設備等專業工程部份『應』由承辦建築師交由依法登記開業之專業技師負責辦理。」……改為『得』由……。很多委員不知如此更動一字其後果之嚴重性，難道建築師一人全能？包括消防、冷凍空調、機電、衛生、環工、結構、大地基礎等等全部專業工程之規劃與設計破壞專業分工的結果，會使樓房設備品質不佳甚至不堪使用；火災時救火逃生困難；大地震時無數樓房倒塌，萬民遭殃，請問不負責任的建築師你賠得起嗎？請問各界有識之士全民生命財產安全誰來負責，國家重大工程投資誰來保障？

懇請總統府、行政院、立法院、社會大眾及新聞界正視此項修法不當之嚴重性。學術界人士一向明瞭經由專業分工才能有效保障全民生命財產之安全，希望建築師與專業技師密切合作為民服務，不要為了少數人之私利矇蔽了良知。

連署名單　合計：367位

＊各校教授與學生繼續簽名連署中＊

《建築法》第13條修正案衝擊公安，時任土木系系主任陳振川登高一呼連署抗議。

以」，衝擊到全民公共安全、專業分工制度，以及土木系萬千學子的出路。時任臺大工學院土木系系主任陳振川出面，反對修改這條法案，短短3天獲得各大學367位教授的連署抗議書及登報，並尋求立委提覆議案。

1994年1月15日，立法院開議審查《建築法》修正案，陳振川帶領近兩千位教授、學生、技師，群集立法院表達意見，終獲多數立委支持，成功捍衛工程師的專業，更保障了土木工程產業的發展。

文／丁希如

新五四女廁運動

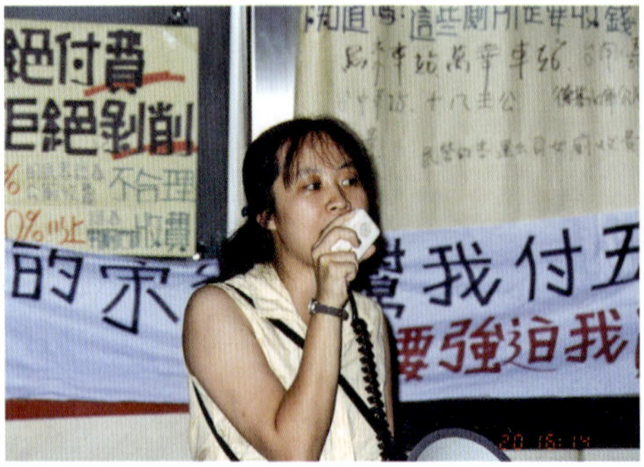

1914年有五四新文化運動，1996年則有臺大建城所的「新五四女廁運動」。

女大學生搶占男廁的行動，讓社會正視女性公廁使用空間的不公處境。

1996年5月4日，一群女大學生攻占了台北車站的男廁，向使用廁所的民眾及各大採訪媒體說「女廁不夠，就用男廁」，促使大家正視台灣女性長久以來在使用公共廁所空間的不公平處境。那場活動的主導單位之一，便是臺大建築與城鄉研究所。

新五四女廁運動涵蓋了一連串的具體行動，包括：臺大校園進行廁所總體檢、台北車站進行「搶攻男廁」、台汽客運西站發起

爭取性別平等空間，
是臺大建城所參與的
社會活動之一。

「拒絕付費」行動等，以趣味的方式讓大眾明白「平等如廁權」、「使用者參與的建築設計」等論述，後續更帶動多項變革，例如：公共女廁收費制度逐步全面取消；營建署（現為國土署）修正《建築技術規則》，以「男一女二」的原則，規範男女廁隔間數量；2011年提升至「男1女5」，為世界之最。

文／丁希如

最早發射火箭的學生們

學生將火箭安置在發射台上。

臺大探空一號火箭準備升空。

1969年，美國太空人阿姆斯壯一腳踩在月球上，自此之後，探索神祕太空不再只是人類幻想，更激發全球年輕人的太空夢，各大學紛紛成立相關學生社團，由此發掘並培育航太科技人才。

「臺大火箭研究社」就是在這樣的時空背景下成立，組成學生以機械系為主，也有電機、化工、土木等系，而在當時機械系三年級的黃秉鈞接任社長後，便積極推動我國有

台灣的太空夢，臺大不僅沒有缺席，更扮演了重要角色。

史以來第一次，由學生執行的探空火箭試射計畫。

在時任校長閻振興的支持下，加上教授歐陽績、劉鼎嶽的指導，以及中科院專家的協助，1972年1月20日，臺大火箭研究社自製的4枚「臺大探空一號火箭」，在彰化縣王功海埔新生地成功一飛沖天，將我國太空科學帶入了新紀元。

文／丁希如

引擎聲裡揮灑青春

使用傳統動力的吉普車Tiger，曾經是機械系的寶貝。

Epsilon 4首次參與澳洲學生方程式賽車賽事（FSAE-A），即獲「企業特別獎」。

車，是大人的玩具，也是醉心機械理論的學生，最佳的理論實踐工具。早年，機械系裡有一台寶貝的吉普車，大家為它取了個威武的名字：Tiger。它是教具，也是拉風的耍帥工具，甚至形成了一項傳統，機械系學生畢業之前，一定要開過Tiger。

時移世易，如今工學院已具備了自製電動賽車，並組成車隊出國比賽拿獎牌的實力。

2018年7月，臺大賽車隊成立，自行設計和打造電動方程式賽車，並以參與「國際

臺大賽車隊帶著最新設計的第五代電動賽車Epsilon 5，前往日本參賽。

學生方程式聯賽」（Formula-SAE）做為核心目標，目前已演化到第六代賽車「Epsilon 6」，在2022年首次參加「澳洲學生方程式賽車賽事」（FSAE-A），獲得「企業特別獎」，並在2024年睽違5年再次參加「日本學生方程式賽車賽事」（FSAE-J），成功完成隊史第一次通過所有動態車輛安檢，且獲得電車組設計報告第四名佳績。今（2025）年賽車隊將再次前往日本參賽，期望能夠獲得更好的成績。

文／丁希如

校園裡的戰鬥機

外觀殘破不堪的超級軍刀機F-100終於有機會重見天日。

F-100超級軍刀機機身被畫上各種塗鴉，彰顯各自訴求。

傳道、授業、解惑的寧靜校園，怎麼會有戰鬥機展示，還成為著名的校園一景？八二三炮戰爆發，台灣的空軍戰力不如中共，美國為了維護太平洋防線，軍援台灣百餘架F-100超級軍刀機。

超級軍刀機是世界第一台能在平飛時達到超音速的噴射戰鬥機，自1958年來台服役，至1984年才全面退役。為了讓空中英雄有好歸宿，國防部想到，可以提供臺大工學院的機械系航空組做為教學使用。1989年，

修復後的超級軍刀機
於成功嶺揭牌，並取
名臺大號。

編號0218的F-100超級軍刀機，在機械系實習工場旁展示，為當年保守社會難得一見的畫面。然而，在時代潮流中，戰鬥機逐漸變成政府威權專制的象徵，有人為彰顯自身訴求，在機身塗鴉、破壞，再加上歲月摧折，超級軍刀機的英姿不再。

2009年，臺大決定拆除超級軍刀機交還國防部。當時曾有不少師生自發成立「臺大F-100改善小組」，提出軍機保存計畫，可惜難竟全功，終在2011年交還國防部。

文／丁希如

以刊物引動思潮

《工程學刊》詳細記載著工學院教授們的工程論述。

《臺大工程學刊》記錄了學術發展的進程，也見證台灣工程教育的演進。

臺大工學院曾經發行兩份重要期刊——《臺大工程學刊》與《臺大工訊》。

《臺大工程學刊》是學術期刊，1956年10月出版，當時名為《工程學刊》，內容主要是工學院教授們的工程論著，一年不定期發行3刊，還曾在1992年獲教育部81學年度「優良學術刊物」；2002年2月，《工程學刊》大幅改版，並更名為《臺大工程學刊》，內容從單一論文形式改為科技論文、科技新知、科技短文3類，內容更加豐富、多元。

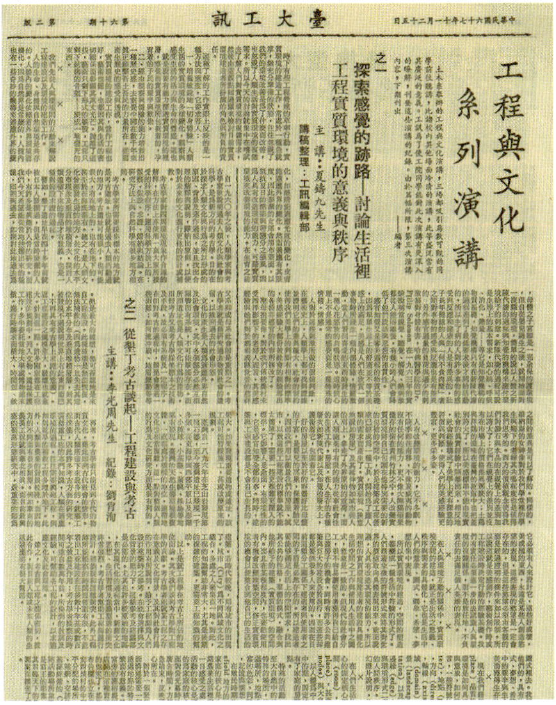

中華民國六十七年十一月二十五日　臺大工訊　第六十期　第二版

工程與文化系列演講

土木系舉辦的工程與文化演講，三場都吸引爲數可觀的同學前往聆講，比諸校內其他場面冷清的演講，此等盛況實有其廣泛的意義。工訊爲了使工院同學能對此次演講有更深入的瞭解，刊登這些演講的紀錄。由於篇幅所限，第三次演講內容，下期刊出。 ——編者

之一　探索感覺的跡路——討論生活裡工程實質環境的意義與秩序

主講：夏鑄九先生　講稿整理：工訊編輯部

之二　從墾丁考古談起——工程建設與考古

主講：李光周先生　紀錄：劉育淘

工學院發行《臺大工訊》，強化院方、系所與學生間的交流。

《臺大工訊》則是學生期刊，一開始是工學院內的各社團刊物各自為政，直到1974年虞兆中擔任院長，決定集中力量籌辦全院唯一的學生刊物，《臺大工訊》就此誕生，定位則設定為溝通交流，促成院方、系方與學生之間，以及工學院四大創始科系——土木、機械、電機、化工4系的橫向聯繫，讓工學院更能融合成為一個大家庭；此外，還有對於當時國家經濟建設和科技發展的報導，讓知識與時代脈動緊密相連。

文／丁希如

產學合作先鋒

慶齡工業研究中心由時任基金會董事長楊繼曾（中）、臺大校長閻振興（左）代表簽約。

誠如前副總統嚴家淦所書「科學報國」，期許工業研究中心成為學界與業界的橋梁。

在台灣，由大學成立育成中心輔導新創企業的先驅，正是臺大工學院。1975年，臺大工學院和嚴慶齡工業發展基金會合作，成立「慶齡工業研究中心」，不僅是學界與業界的橋梁，更是政府與研究機構之間的紐帶。

1996年，經濟部鼓勵各機構設立中小企業創新育成中心，臺大於1997年成立「臺大慶齡創業育成中心」，由慶齡工業研究中心負責辦理，以培育工程科技產業。進駐的企業在育成中心得到專業的輔導，屢獲國家發

臺大創新育成中心見證臺大工學院率先投入產學合作、引領學用合一風潮的努力。

明獎、創新研究獎、傑出安全器材獎等，是國內第一家結合學校資源的創新育成中心，更成為各育成中心的典範。

1999年，臺大慶齡創業育成中心更名為「臺大創新育成中心」，隸屬臺大研究發展委員會。這段歷程，不僅見證了臺大工學院一直是產學合作的先鋒，努力將學術理論應用在業界需求上，也展現他們在推動社會進步所扮演的重要角色。

文／丁希如

追求卓越 80 年

回應時代的教育

每個時代都有它的挑戰與需求，
教育也因此不斷變革。
從知識的傳授，
到思維的創新，
世界正在改變，
教學與研究的方向
也必須精準回應時代的召喚。

1943年～1969年
在困頓中點亮學術的光

1943年，台北帝大在戰火陰影中改制，
延續了日治時代以來的學術命脈，
也為台灣高等工學教育奠下基本雛型。

從20世紀的二次大戰時期開始，歷經戰後的凋敝混亂，再到工業化與自動化興起，經濟起飛，行至今日科技高度發展，人工智慧（AI）浪潮崛起，臺大工學院從不曾在教育、經濟、科技和社會進步的舞台上缺席。師生的每一次步履、每一項行動，都在台灣的風華變遷中留下深刻足印。

工業研究的基地

臺大工學院的前身，來自日治時期台北帝國大學工學部。1943年，時值日本治台第四十九年，也是二次世界大戰末期，日本亟需高級工業技術人才投入戰爭相關產業的研究與開發，展開大學增設工學部風潮。

當時的台灣，被日本視為攻占東南亞的跳板，因此計劃在台北帝大增設工學部，做為工業技術人才的培育中心。

1940年，先由東京帝國大學組成台北帝大工學部創設準備委員會，之後歷經台灣總督府3年的籌備與編制調整，台北帝大工學部於1943年10月正式成立。

台北帝大時期工學部的校舍，是日治時期工學教育的重要場域。

當時的教學重點是實用價值大於學術研究，因此，在工學部下設土木工學科、機械工學科、電氣工學科與應用化學工學科共4科，教學則採用日式講座制度，設有31個講座，第一屆學生人數共52人。

當時台北帝大學生不到百人，工學部就占了一半以上，不過，在日本的殖民政策下，台灣人報考資格受限，再加上報考成績與日本學生分開計算等限制，日治時期台灣學生極少能參加大學考試，錄取者更是鳳毛麟角——台北帝大工學部第一屆的52個學生中，只有機械工學科劉鼎嶽和應用化學工學科李薰山兩個台籍學生；第二屆的75人中，台籍學生也只有4人。

國府接收，台北帝大改制

1945年8月，日本宣布戰敗，將台灣歸還國民政府，日本總督府留下的各項公共事務也由國府接收辦理；同年11月15日，時任中央研究院植物研究所所長羅宗洛便率代表6人接管台北帝大，改制為臺灣大學。

當時臺大學生500多人，採用中國大陸學制，台北帝大日式講座制度下的有關講座分別合併，改設為科、系，各「學部」改「學院」，工學部改為工學院，所屬的土木工學科、機械工學科、電氣工學科、應用化學工學科，更名改制為土木工程學系、機械工程學系、電機工程學系和化學工程學系。

1946年，臺大改制後恢復招生，學生包括由日返台的台籍生、大陸來台失學生、大陸東南沿岸各省學生，以及國民黨青年軍退伍的年輕人。

這時的台灣，剛經歷戰爭肆虐，原有的台北帝大建築殘破、師資零落，改制後的臺大不論人力、財力皆捉襟見肘；再加上，政治動盪，很多大陸學生到臺大就讀及借讀，校園內一片混亂。

1949年，國府全面播遷來台，成立大學招生委員會舉辦招生入學考試，由於設立了成績標準，阻擋不少原本有意運用「特權」入學的達官貴人子弟。

隔年，臺大兩度舉辦轉學考試，收納部分大陸來台的大學學生。至1955年時，臺大工學院的學生人數已成長至1,259人，比1943年的42人成長近30倍。

另一方面，國共戰事影響深遠，不少大陸學者、教授來台，進入臺大任教，師資逐步提升。1952年臺大第五任校長錢思亮特別聘請幾位教授組成「工學院臨時委員會」，討論教務改進，為臺大工學院的教學與研究品質奠定了基礎。

確立目標，培育工業人才

日治時期的工學院學制採用講座制度，修業年限只有3年，講座課程內容主要是配合日本軍事戰爭和國內經濟需求；隨著戰爭結束，臺大工學院改制，大學教育的真正意涵也自1945年開始確立——以教學為主，學術研究為輔，更以積極培育國家工程的研究和實務人才為目標。

這段期間，大學部4個系的課程內容持續調整增修，例如：

土木系，除了加強力學、結構、大地、水利、交通、衛生工程等教學課程，並開授電腦應用課程。1958年5月，成立衛生工程實驗室供教學研究之用，系中范純一及許整備兩位教授則開授衛生工程相關課程，兼顧理論與實際，為土木系衛生工程教學奠定基礎，但這段時期土木系還沒有設置分組。

化工系，1960年之前的課程以「應用化學」為主，「在早年的時代背景下，各國化工系的研究教學方向都聚焦在化學品的應用，化學主要運用在民生工業，尤其是與糧食相關，」現任化工系教授陳誠亮指出，分水嶺是在1960年，隨著美國化學工程科學的崛起，化工系留美的師資增加，教學及課程內容逐漸轉型，臺大化工系開始走向「化學工程」，並且規模日漸完整。

土木系的學生在衛生工程實驗室內參與研究。

機械系，1960年代初期所開的課程，已包含許多現代機械工程教育的內容，1962年分為兩組，工程組的課程內容重視工程實務訓練，科學組則重視科學理論研習。

電機系，自1946年起分為電力組和電訊組。電力，攸關全台電力系統架設；電訊，主要研究短波遠距通訊所利用之地球上空電離層的變化資訊，1963年因應最新的電機領域發展，改分為工程組與科學組，同時因應電子計算機科學的興起，開始引進電子計算機課程，1969年增設計算機組。

隨著大學部日趨穩定，加上台灣逐步展開經濟建設，大學開始肩負起學術研究重任。為培養研究人才，除了電機工程學研究所較早於1947年進行碩士班招生外，臺大工學院在1960年設立土木工程學研究所、1965年設化學工程學研究所、1966年成立機械工程學研究所，到了1968年電機所還開設了博士班。

在這十餘年間，台灣科技環境逐步改善，教育部支持並鼓勵大學投入培育高階研究人才，各大學研究所相繼成立；到了

1967年，國家長期發展科學委員會（長科會）更名為國家科學委員會（國科會），政府採分階段推行科學技術發展，各大學的研究風氣更加活躍。

臺大工學院創院的教育目標，是培育優秀的工程研究和實務人才，大學部的教育設有學士論文制度，成為對工學院學生實驗、蒐集資料、整理結果的重要訓練，日後臺大畢業生在台灣工程界有重要出色表現，這項制度功不可沒。

參與推動經濟建設

1945年至1949年是台灣光復初期階段，來自大陸的市場需求帶動了台灣工業發展，生產量增加，食品、製糖和機械日益繁盛；國府遷台後，配合國家需求，台灣經濟自1950年起進入新階段，在「以農業培養工業，以工業發展農業」的政策方針下，訂定了「台灣經濟建設四年計畫」，以實施耕者有其田和促進工業化為兩大政策。

此時，政府推動民間投資新興工廠，以化學工業為例，這個階段的發展以肥料、造紙、鹼、氯為主，臺大化工系便是那時重要的人才與技術資源庫。

事實上，1960年之前，臺大化工系的教學及研究方向，都是依照工業類別來區分，例如：製藥工業、肥料工業、紡織工業、製糖工業、酸鹼工業、合成化學工業等；尤其，為配合政府的工業政策是要利用現有資源發展經濟價值，再加上光復初期積極修復電力系統，此時已可穩定供應工業發展所需電力，因此，化學工業大力發展電解工業，生產燒鹼（氫氧化鈉），化工系許多教授都投入這方面的研發與建設，包括：味精工業的麩酸醱酵廠工業化、台聚公司建廠等重要建設，都有臺大化工系的重大貢獻。

例如：化工系教授呂維明研發的蒸汽壓縮法，1年可省下3億元的能源成本，並成功將醱酵槽放大規模，為台灣打下醱酵工業的基礎；到了1958年，化工系教授陳成慶、陳秩宗與呂維明等人，進一步將麩酸醱酵工業化，對台灣經濟發展貢獻良多，也讓我國麩酸醱酵領先各國。

另外，光復初期的1945年至1949年，臺大工學院機械系的畢業生多半赴陸或留台工作，而留在台灣的畢業生，由行政院資源委員會分發至中油、中船、台電和高雄機械廠（前身為台灣機械公司），後來都成為台灣機械業領袖人物，為國家的經建發展留下不可磨滅的功績。

此外，為了以農業奠定工業發展的根基，1950年代，政府陸續興建水利設施，工學院土木工程學系與農學院（後更名為生物資源暨農學院）農業工程學系（後更名為生物環境系統工程學系）參與水工試驗，共同完成多項國家重大工程建設，包括：石門水庫、白河水庫、尖山埤水庫及谷關電廠平壓塔等。

臺大工學院從帝大時期起，即致力培育優秀工業技術人才。

不過，這段時期的教師薪資偏低，研究費用少得可憐，大學談不上研究環境，但臺大工學院仍充滿學術研究的熱情，當時院內教授多為自大陸來台的學者，雖因戰爭離亂而被迫播遷台灣，卻不放棄研究的使命，即使身處困頓簡陋的時空，依然點亮學術的火光。

金屬材料研究先驅

光復初期，在機械系教授陸志鴻帶領下，許多教師投入機械材料的學術研究，尤其是金屬材料方面的研究教學。當時機械系在傳統機械工程外，新增加物理、數學等基礎學科，還在艱困中成立了材料試驗室，同時接受工業界委託，協助業界解決問題。

那個年代，對多數人而言，「研究」不過是一個名詞，但是在陸志鴻與呂璞石兩位教授的苦心經營下，臺大展開了金屬材料的研究，成為台灣金屬材料研究的先驅。

刻苦為學卻開創先河的例子還有許多。譬如，土木工程學

1960年代工學院綜合大樓內除了電機系，還有白光弘主持的電波研究室。

系，1950年成立土工實驗室，1966年系上教授趙國華捐款10萬元，從英國採購新式三軸儀，這是台灣第一套可量測孔隙水壓力的三軸儀，帶動台灣各土木力學試驗室仿效；1969年土木系教授洪如江引進了孔隙水壓力的感應子，從此三軸實驗邁入電子量測與記錄的新紀元。

又比如化工系，先有教授魏喦壽創辦醱酵化學研究室，後有陳成慶創建國內第一間化工機械實驗室（現稱為單元操作實驗室），開授化工裝置設計等課程。

率先啟動電離層觀測

臺大工學院教授們的研究熱情，不但為台灣的學術領域燃起火炬，也為國家和社會帶來重要貢獻。1950年代，臺大電機系教授馮簡與白光弘先後主持的電波研究室，前後10多年成為國內通信、電視、廣播建設的重要助力，其中馮簡更曾有「華人電波教育之父」的稱號。

電波研究室成立於1950年3月，設有電離層地面觀測站，從事電離層的觀測及研究工作，支援軍用及民用短波廣播電台的需求。

當時衛星通訊還未發明，短波是重要的遠距通訊工具之一，而這個波段的電磁波可透過電離層反射進行傳輸，因此地球上空電離層的變化資料是短波遠距通訊的重要依據。

一直到1960年代，電離層觀測仍是電波研究室的重要課題。1965年，半自動的電離層觀測器開始啟用，電波研究室把每月記錄的資料分送民航及軍方通信管理部門，以及國內其他研究單位；1968年起，電波研究室獲得美國空軍補助，進一步建立衛星信號追蹤站。

首開電子計算機訓練先河

1963年，因應當時最新電機領域發展，將臺大電機系大學部分為工程組及科學組；同一時間，電子計算機科學在國際間日益蓬勃，已被視為未來科學與工程的重要工具，電機系引入電子計算機課程，同年9月臺大電算中心成立，為全校提供電子計算機使用環境。

全球電腦科技發展，在1960年代中期，開始從電晶體邁入積體電路時期；而在台灣，1965年起，利用電腦從事專題研究的臺大教師及研究生日益增多。

為推動臺大的電腦使用更加普及，工學院率全台之先，成立「電機系計算機訓練班」，電機系在1964年暑假舉辦第一期講習班，為期6週；此外，工學院電機系還開設「電子計算機程序計畫」一科，土木系也開設了「電子計算機在工程上之應用」課程。

電腦課程的設立與普及，不但是工學院制度上的重大變革，更為臺大全校的教學研究和行政工作開啟了新頁。

提升學術研究量能

在很早之前，臺大工學院便已鼓勵院內教師成為學術的發動機。1956年，工學院創辦《工程學刊》，以刊登工程論述為主，2002年擴大改版為《臺大工程學刊》，內容包括科技論文、科技新知與科技短文。

為了方便教授和學生蒐集研究資料，工學院1952年整合工4系的圖書，設立「工學院聯合圖書室」。儘管戰後物資困窘，但是，工學院仍全力蒐集教學和研究所需書籍與資料，設立藏書庫，為師生打造可容納百人，有著幽靜書香的閱覽室空間。

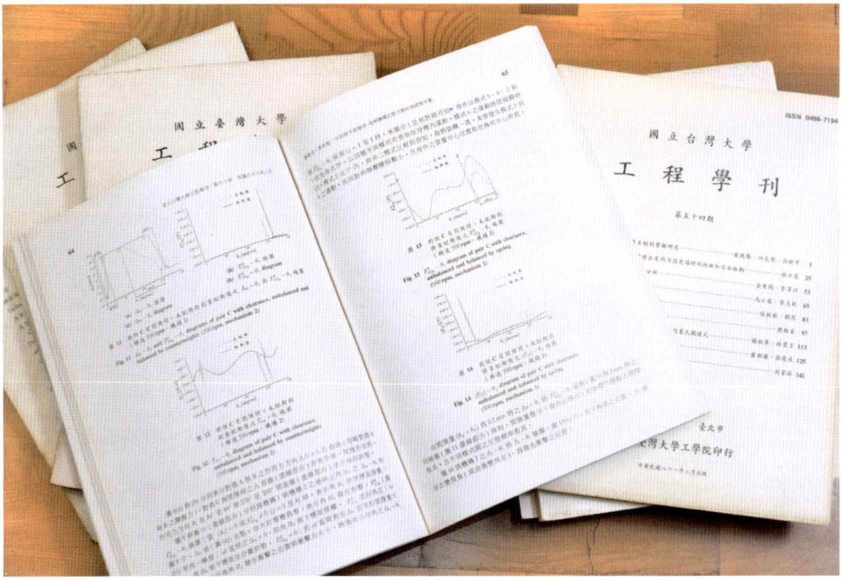

臺大工學院創辦的《工程學刊》，刊載許多重要的工程論述。

這間充滿歷史感的圖書室，日後逐年擴充，迭經變遷，1985年更名為「工學院圖書分館」，至1997年全館藏書已達85,200冊，直到1998年併入臺大總圖書館而走入歷史。

研究風氣的蔓延，加上電腦科技的引入，1960年代的臺大工學院，充滿著積極探索新領域的渴望。再加上，當時政府日益重視科技發展，推動大學學術研究風氣，更進一步激勵臺大工學院投入研究，臺大化工系並與成大化工系共同提議，創辦中國化工學會（現更名為台灣化工學會）和英文會誌，加速提高學術研究量能。

1945年日治結束到1950年國民政府遷台初期，臺大在許多方面都處在混亂的過渡時期。首當其衝的，是師資，台籍、日本和大陸籍師資混合，教師的聘任方式也無法太嚴謹。

傅斯年的堅持

1949年，傅斯年接掌臺大校長，深感教授聘任方式混亂，為擋住「仕不優則學」的政府官員進入臺大任教，即使面對外界壓力，他依然為臺大設立了教授聘任委員會，只聘台、平、津、滬的特優教授進入臺大。

傅斯年畢業於北京大學，是五四運動時的學生領袖，後來在北大任教，早年便曾因為有他的堅持，讓北大保有嚴謹中不失自由學風和學制，如今這樣的風氣也一步步落實在臺大。

那段期間，在他的堅持下，為臺大樹立了幾項重要標竿。譬如，嚴格限制各系畢業第一、二名的學生才可留系擔任助教，主要是為了未來長遠的師資培養。

此外，臺大每年培育優秀助教出國深造，1950年起更爭取資源安排資深教職員出國研究考察進修，在1950年至1959年的10年間，以中華教育文化基金會提供的名額出國者，就有10個梯次，其中包括教授、副教授、講師與助教。

感人的是，臺大工學院的老師們以培育台灣未來人才為職志，他們的專業學識頂尖、教學極度認真，即使身心付出與物質收入難成比例也不曾放棄。

1973年至1979年擔任土木系系主任的茅聲燾就曾撰文回憶說，他於1961年至1967年就讀臺大土木系所的那7年，決定了後來一生要走教學研究的路，就是因為受到土木系所老師們身教、言教的影響。

他說，大學時期，「教鋼筋混凝土的陳文奇教授上課很有勁，假如我們好像沒聽懂他講的，他就很急，馬上加把勁再講一遍，而且內容特多，每次下課鈴響了還不停……；最重要的課是虞兆中教授的結構學，講解清清楚楚，態度一絲不苟。」

就讀研究所時代，茅聲燾修了丁觀海教授的彈性力學、張量分析，他說：「老師上課時從褲袋裡掏出一、兩張皺皺的紙，這是他的筆記小抄，他要言不煩，用略帶山東腔的國語三兩下就交代得清清楚楚。」

茅聲燾更說，當時系所的老師沒有一位有博士學位，但他們各有專精、認真教學；土木系的課程精心規劃，專任老師教授基本課，實務課程由兼任老師分擔，研究所則聘請客座教授引進最新的發展資訊，讓他在臺大土木系所打下扎實的根基，去美國攻讀博士時沒有不能克服的難題，3年後即畢業。

流下汗水，更留下貢獻

由於銜接日治時期的學制，在1945年至1949年這段過渡期，臺大工學院的招生方式一度較為多元。以1945年來說，學生來源包括預科學校、高等學校和高等專門學校，學生程度難免參差，但畢業後到工作崗位都仍有所作為，不辜負工學院教育的栽培。

1950年代初期，大陸和台灣當局都著手爭取僑生入學來獲得僑民認同。後來大陸禁止僑生畢業後返回僑居地，導致海外華人停下到當地就學的腳步而轉向台灣，台灣當局以優厚條件招募僑生來台，臺大也配合教育部政策，自1954年廣收僑生，大學部的本地生與僑生人數比例約1：1，台生與僑生各1班。

這段長達20餘年的時期，台灣工業環境不斷變化，1950年代初期，台灣民間工廠如雨後春筍般崛起，一度成長到近萬家，但多半規模很小。此時臺大工學院畢業生大舉投入台灣工廠的籌劃和設立，並協助工廠建立制度，為之後數十年的經濟發展奠定了第一步的根基。

以化工業來說，當時民間化工廠多半缺乏專業知識與經驗，籌備和建造都很克難，所幸臺大化工系畢業學生早期都投入了台灣的石化產業，多家重要石化企業的籌建和經營過程裡，都有化工系系友的身影，為後來的高科技產業打下基礎。例如，台肥六廠建廠試車時，便是多虧有了臺大化工系友協助改良製程、促成工廠順利運轉。

諸如此類的例子不少，工學院畢業生不僅對台灣經濟發展和人才培育流下汗水，更帶來貢獻。

進入1960年代之後，工學院學生畢業後的發展又有了不同風貌。

留學風潮的陣痛

主要因為共黨勢力在全球擴張，美國為了反制而大舉培育國防科技人才，積極招攬台灣學生赴美攻讀研究所，台灣政府也設置各種留美獎學金，帶動臺灣大學生畢業後的留美風潮。

1960年代初期，臺大工學院80%以上的本地生畢業後選擇出國留學，當時校園中流行著「來來來，來臺大；去去去，去美國」的口號，而許多留學生在美國受到高薪和就業環境的影響，拿到學位後都不願回台工作，也造成臺大工學院畢業生雖年年成長，但鮮少投入台灣企業界服務的窘境，進而引發企業界不滿，媒體上常有「臺大花了納稅人那麼多錢，但企業界卻找不到工學院畢業生」的批評聲浪。

取得高學位的留學生不願回台，影響所及，也曾讓臺大工學院在1960年代一度出現師資新舊交替的空窗期，直到1970年代，台灣經濟起飛，社會結構和國際局勢改變，這樣的情況才逐漸轉變。

文／邵冰如

1970年～1989年
轉型年代的奠基工程

十大建設在1970年代登場，
工程知識與技術成為推動國家現代化的核心力量，
推動著社會進步，走入經濟發展、教育普及的1980年代。

進入1970年代，台灣展開經濟建設的重要階段，經濟發展加速，社會流動及結構轉變。然而，在國際局勢上，世界性的石油危機爆發，中華民國退出聯合國、台美斷交，外交、經濟和政治皆面臨前所未有的衝擊。

36,000平方公里的小島上，政府帶領人民迎向挑戰，自立自強啟動各方面的因應行動，從十大建設、重化工業發展，到各種產業結構轉型，在艱難但充滿希望的氛圍中，步入經濟發展、教育普及的1980年代。

培育高階造船人才

翻開史冊赫赫，為改善台灣的公共建設基礎設施、推動產業升級，並抵抗第一次世界性石油危機帶來的經濟崩壞，政府於1974年至1979年啟動十大建設。

這段時期，臺大工學院新設多個系所與研究單位，譬如，

工科海洋系於1970年代設立船模實驗室，至今屹立於臺大校園。

成立造船工程學系所（現為工程科學及海洋工程學系）。

早在1960年代中期，國內造船界已開始建造10萬噸級的油輪，並與美國合作更大型的船艦，同時成立中國造船公司；到了十大建設時期，船與港口更加成為重要建設項目，造船產業應運而生。

然而，「造船」要在國內生根並奠定足夠的研究基礎，台灣必須先擁有充分的船舶流力與結構等試驗設備。

工科海洋系名譽教授邱逢琛表示，初期的船模實驗室隸屬於國科會之下的重點發展實驗室，再加上當時頂尖人才多半集中在臺大，因此國科會前主委吳大猷於1968年著手推動在臺大建置船模拖航水槽，設立船模實驗室，並且特地從美國延攬知名學者陳學信主持籌設計畫，並陸續從校內外延聘師資，肩負起為國家培育造船高階人才的任務。

船模實驗室是國內第一個擁有拖曳水槽的先進機構，這棟波浪狀屋頂的長形實驗室仍屹立臺大校園。邱逢琛說：「船模實驗室的拖航水槽和空蝕水槽是當時國內唯一可進行船模阻力推進性能測試與空化試驗，4×2×160公尺的規模，比國際知名大學的試驗水槽尺寸毫不遜色，是非常好的研發測試設備！」

當年，這批設備曾為國內造船領域提供產業服務、支援學術研究，培育相當多的高階人才投入造船產業；之後，為了配合十大建設需求，培育造船方面的專業人力，1970年在機械工程研究所下增設造船組，機械所之後便分成材料科學、流體力學、熱力學、造船四組招生；1973年，船模實驗室提升為研究所，機械所的造船組獨立成為造船工程學研究所，到1976年再增設造船工程學系。

首創資訊工程學系

1960年代起，電腦的使用在歐美先進國家逐漸增加，計算機科學工程成為新興科技領域，臺大工學院電機工程學系多位教授已預見電腦將是未來人類文明發展的關鍵角色，主張增設系所，盡早為台灣培養人才。

當時電機工程學系教授李學養、吳建平，在臺大校務會議提出設立「計算機工程學系」的構想；很快，臺大工學院在1977年新設資訊工程學系開始招生，1981年成立研究所，招收碩士班學生，博士班則成立於1984年，建立起完整的高級資訊工程教育研究體系。

這是台灣計算機工程或電腦科學領域，首度把英文「Computer Science」的中譯名稱訂為「資訊科學」。「資訊」二字出自時任工學院院長虞兆中及中研院的建議，後來廣為社會大眾接受，其他大專院校也紛紛跟進，開設以「資訊」為名的相關科系。

創設全台第一個環工所

1970年代，台灣社會型態快速轉變，都會區增加，人口集中，各種環境衛生問題開始浮現，民眾對環境品質的要求提高，開始省思人類對環境的汙染和破壞，臺大的環境工程學研究所就在這股風潮中誕生。

環工所前身為土木工程學研究所在1960年開設的衛生工程學程，1973年成立衛生工程組。台灣早期的衛生工程主要在解決都市自來水與下水道工程問題、改善環境衛生，是市鎮建設的重要項目，由土木相關的教學單位來培育衛生工程人才。

然而，台灣自1950年代開始積極推動工業化，民眾對經濟

環工所於1984年落成啟用，在2017年冠名為納環館。

發展的追求與環保意識卻未能即時接軌；20年後，環境汙染層出不窮，諸如都市汙水、垃圾未能有效處理，以及工廠林立衍生的環境汙染問題，導致怨聲四起。臺大環工所名譽教授楊萬發當時已在土木所任教，他回憶，當年陸續承接農復會（現改制為農業部）計畫到西部縣市進行汙染調查，發現許多稻田遭到工廠和家庭廢水汙染土壤或劣化，以致稻米枯萎或生長倒伏，稻穀內呈現空殼化；而在北部地區，臺大的調查也發現，沿著基隆河岸的化工廠和小型煉鋼廠排放黑煙，汙濁空氣一路蔓延在松山、南港和汐止上空。

更嚴重的，是中南部河川和海岸水體汙染。

楊萬發說，窪地垃圾和工廠廢水沿著河水沖刷汙染河川或海岸水體，尤其在枯水期或夏季常造成河川缺氧，每年5、6月雨季初臨，中部海岸的養殖蛤蜊大量死亡，漁民損失慘重。

「台灣發展經濟建設的同時，不能忽視環境和防治汙染，」楊萬發提到，台灣各界有識之士均體認到環境汙染之嚴重亟須解決，當時的工學院院長虞兆中和土木系系主任茅聲燾一致認為時機成熟，「應該從教育著手，成立環境工程學研究所，培養環工人才，協助政府和企業改善汙染問題。」

但，政策遊說並不容易。如何是好？

「只得對外繼續宣揚環保理念，對內積極養成師資，」楊萬發指出，茅聲燾決定設所申請後，歷經1年籌備溝通，順利於1977年獲得教育部核定，台灣第一個環工所正式成立，由楊萬發擔任第一任所長，台灣對環境保護的理念從學術研究的全新視野出發，從此為台灣的環保觀念和行動注入深厚多元的力量。

配合國家需要，成立材料工程學研究所

為了追求經濟和工業的成長創新，1978年政府進一步鎖定材料、能源、資訊、自動化為我國四大重點科技，而為配合國家戰略方向，臺大工學院也開始積極培養近代材料科技研究與應用人才，同時接受材料工業界的委託，提供相關技術問題的研究服務及解決方案。

臺大材料科學與工程學系暨研究所名譽教授王文雄當時在機械系任教，他記得：「臺大工學院在材料領域的研究非常早，1950年代就有機械系教授陸志鴻和呂璞石投入金屬相關材

料研究。」幾十年的心血灌注，此時逐漸開花結果。後來，工學院各系所都有不同領域的材料研究，於是在1982年結合機械所金屬材料組、化工所高分子組、電機所電子材料組，以及其他相關師資與設備，成立材料工程學研究所，招收碩士生。

之後，為了因應學術與產業前瞻研究需求，材料所於1987年再成立博士班，此後發表論文的水準漸次提高，SCI論文數不斷增加，研究範圍亦持續擴大，「材料工程學研究所」在1990年9月更名為「材料科學與工程學研究所」，為台灣社會培育更多高階材料科技人才。

回應社會變遷，改造建築教育

在經濟成長的帶動下，都市快速發展，但具有城市規劃相關經驗及理論的人才缺乏，終於導致在缺少整體與前瞻思維的狀況下，衍生出都市機能配置不良、公共設施失衡，以及零碎開發、欠缺整體考量等問題。

1966年，政府在經濟合作發展委員會下成立「都市建設及住宅計畫小組」；兩年後，經合會便建議教育部同意設立都市計畫研究所，之後又在1970年12月，該小組洽請聯合國聘請美國哥倫比亞大學都市計畫系主任葛拉瓦（S. Grava）來台。他在台期間遍訪台灣各都市計畫的教育及訓練機構，提出報告草案，建議由教育部輔導臺大設立都市計畫研究所。

葛拉瓦認為，都市計畫乃是綜合性的發展計畫工作，涉及社會經濟、自然、文化等因素，且此專業訓練重在啟發學生獨立思考能力，臺大具有充分之條件，能提供較完整的訓練。

針對葛拉瓦的方案，經合會邀請教育部及臺大、成大等教育機構開會研商後，決議先在臺大土木所設都市計畫組，接著再設立都市計畫研究所。不料1971年台灣退出聯合國，籌所工作一度胎死腹中。

但，學術界和建築界並不因此放棄。

1970年代擔任工學院院長的臺大前校長虞兆中曾在回憶錄中提到，那時建築界兩位頗具名望的教授到訪工學院，開門見山就說：「我們今天是代表建築界的一群人士來的。我們要問，今天台灣的建設使地形都變了，你們臺大究竟起了多少作用？臺大在這方面有這麼多的有關系所，條件這樣好，為什麼不設建築和城鄉計畫的系所呢？」

振聾發聵，當年擱置的想法重新回溫，工學院開始約請各院系有關教授共同研議「建築與規劃研究所」的設置。其中，茅聲燾決定加快行動，將原有土木系交通工程組分為甲、乙二組，乙組即「都市計畫研究室」，自1976年秋正式招生，首屆入學新生三位，都計室也在茅聲燾大力支持下，展開了教學、研究與實務工作，並在1975年與1977年陸續聘請王鴻楷與夏鑄九兩位學者到臺大土木系任教。

都計室一成立，即思考自身的角色定位，希望對台灣本地的特殊空間問題、城鄉的合理發展、理論及實務互動等方面提出嶄新看法，很快就在茅聲燾和虞兆中的大力支持下，積極籌劃設所事宜。

甚至，肩負國土發展規劃重任的都計室，也成為臺大工學院一道特別的風景。工學院在舊館開了一個側門，茅聲燾題了一幅門聯，右聯「綠圃庭前無名山」，左聯「紅樓院後有奇人」，橫批「山中傳奇」。

貼合國際趨勢，教學、研究再進階

歷經10年努力，終於在1988年成立建築與城鄉研究所，「一開始，我們對建築教育的定位就跟傳統教育模式不一樣，」現任臺大建城所所長康旻杰指出，不同於其他大學的建築系所，他們認為，學生不應該只待在研究室或工作室，而是要能夠真實接觸社會，面對社會的真實性，針對社會相關議題進行設計之前的分析，發展出「參與式的規劃設計」。

那時正逢台灣解嚴初期，整個社會正經歷民主化的洗禮。康旻杰說：「王鴻楷和夏鑄九教授認為，建城所的教育應該要回應台灣真實的社會改變，提出『專業的通才教育』構想，打破建築、都市計畫、地景建築之間的壁壘分明。」

從此，這個思維成為建城所核心教師們的共同目標，針對建築、城市規劃、地景建築三者共享的知識與技能，提供規劃與設計的專業訓練。

台灣1970年代推動十大建設，其中6項是交通運輸建設、3項是重工業、1項為能源建設，每項都需要大量的研究與規劃，更需要實際執行的專業人才。身為最高學府，獲得諸多資源傾注，臺大工學院自是責無旁貸，從教學與研究雙管齊下。

一方面，為國家重大建設提供專業技術協助；二方面，積極培養各項建設亟需的工業人才，同時更進一步造就從事高深學問的研究人才，在原本4系4所的架構下陸續增設博士班。

於是，臺大工學院的學術研究開始朝精密分析及設計發展，例如：機械系師生曾參與地熱開發、太陽能運用，以及高速公路隧道通風等實用性研發。此外，20世紀後期，全球科技進入嶄新紀元，不但從傳統工業蛻變為資訊化、自動化，更有太空計畫、國防科技等新興熱門領域誕生，臺大工學院在研究方向和教學內容上都有了全新的風貌。

建立學術界第一套彈性製造系統

在大學部的教學方面，工學院從原本的4系增加至6系，課程也大幅調整。

機械系自1973年起，不再分為工程、科學兩組，改以通識性工程教育替代。系內的大學部課程在1970年代已臻完備，而為配合工業快速發展，因應工廠制度化需求，此時將重點放在推動製造自動化和機電整合等相關領域學程。

機械系配合台灣工業發展，推動自動化方面的課程與研究。

1986年起，機械系著手投入製造自動化方面的研究，在1989年成立電腦整合製造研究群，由教授呂秀雄率領，集合系內多位教授共同參與，並向國科會「電腦整合精密製造系統之研究」計畫爭取補助，在機械系的自動化工廠建立了台灣學術界第一套彈性製造系統。這套系統運轉與測試的經驗，成為國內許多工廠的重要參考，也促成了彈性製造系統在國內實際運用的開端。

推動全國第一件人工智慧群體研究計畫

不僅如此，電機系提前體察未來是電腦的時代，1972年設計算機組，以電腦中文化為主要研究重點，並特別強化電腦科學相關的教學研究，為台灣培養了最早期的資訊人才；此外，還設立了半導體實驗室與厚膜實驗室，又奠定了半導體技術教學研究的基礎，呼應了當時全球電腦科技迅速發展的需求，也成為台灣科學技術升級的關鍵起點。

資工系成立初期，沒有獨立的教室和設備，師生人數也只有系主任、40位學生，以及助教、專任教師各1人，但創系第一年的課程已有「計算機概論」、「程式語言設計」，第二年與電機系合聘教師，之後便快速發展，在1984年成立博士班，同時成立「人工智慧實驗室」，全面推動人工智慧領域研究，擬定「人工智慧群體研究五年計畫」，是全國第一件人工智慧群體研究計畫。

此外，還有結合時勢的太空科技相關教學發展。

1957年，前蘇聯發射世界第一顆人造衛星「史波尼克1號」（Sputnik-1）升空，開啟了人類太空時代的序幕；10多年後，台灣在1969年12月由中華電信首先在陽明山設立地球同步軌道衛星中心，啟動了台灣太空事業的進程。臺大工學院則是在1977年聘請多位自美留學返國的學者任教，於機械所課程增加「核能工程」、「太空推進」等新興科目。之後因應國防工業需求，機械所又重新調整為「固體力學」、「機械設計」、「機械製造」、「流體力學」、「熱學」、「航空工程」及「系統控制」等組別招收碩士班。

隨著全球工業轉型，電機工程學研究所的研究領域也快速擴大，1976年大學調整為7個教學分組，包括：電子電路、固態電子、電波、通訊與信號處理、自動控制、電力工程和計算機科學等；之後，因應積體電路的快速發展，1982年又增設計算機輔助設計組，幾乎涵蓋現代電機工程的絕大部分領域。

材料所方面，1988年教育部科技顧問室美籍博士柯亨（Dr. M. Cohen），向行政院提出「材料科技教育發展計畫」的建議，獲得行政院同意以專案經費補助公立大學材料系所發展金屬外的第二特色教育，為期3年至1990年，每年4,000萬元，臺大材料所是當時獲補助的4個公立材料系所之一，每年獲補助1,000萬元，得以大幅提升現有設備，也使得金屬材料研究得以在臺大生根。

工程教育融入環境與建築安全概念

配合政府十大建設帶動全台公路網、鐵路網、港灣及航空站的拓建，都市更新和經濟發展的過程中，又有大量結構工程專業需求，臺大工學院在不同系所留下幾個「第一」的成績。

1970年，土木研究所下增設交通組，首度招生，成為全台灣各大學的研究所中最早成立的交通工程組。

1977年，新設環境工程學研究所，課程內容除了原先在土木所時期的衛生工程組課程外，楊萬發表示，環工所一成立便加開土壤汙染、空氣汙染、衛生工程單元操作、固體廢棄物、空氣汙染控制等課程，將教學領域從水及廢水，擴充至空氣和固體廢棄物及土壤汙染等，讓環境保護與工程教育結合，樹立了全新里程碑。

除了大學部與研究所的教學研究方向增加或調整外，臺大工學院的研究機構此時也有所調整。

譬如，地震工程研究中心成立初期的重點是理論研究、蒐集整理地震工程有關資料，但隨著大眾對地震防災的警覺、對建築安全的日益重視，地震中心著手強化實驗研究，並喚起工程界進行工程設計時，由過去的靜態分析邁入動態分析，地震工程研究中心也開始參與重大公共工程建設。

此外，由茅聲燾、陳清泉、蔡益超、邱昌平與葉超雄等教授共同研究，費時1年撰寫成包含耐震規範的第一版「建築設計規範」，提供內政部頒布施行，其中詳細列舉地震相關規範，台灣地震工程研究自此萌芽。

成立應力所，支應國防所需科技人才

1970年代是台灣外交嚴重受挫的年代，1971年退出聯合國，隨後世界多國宣布與我國斷交。為突破孤立與軍事武器採購艱難的困境，主管國防科技研發的中山科學研究院開始發展高性能戰機（後命名為經國號戰機）與各型飛彈的製造，亟需大學協助加速培育高級國防科技人才。

當時，政府提出十年計畫，希望在10年內建立能與先進國家媲美的一流大學研究所，提升我國軍事武器的自主研發能量，臺大也在1983年奉教育部轉行政院函示，增設應用力學研究所。

但是說來容易做來難。如何做？要做什麼？誰來做？無一不是複雜無比的課題。

應力所培養優秀人才，投入關鍵產業技術的研發。

不過，這項計畫受到當局高度重視，因此，為了加速落實政策，1983年，時任臺大校長虞兆中和工學院院長翁通楹與政府相關單位先進行座談，取得共識後，臺大便順勢積極爭取海外頂尖人才返台主持大局。任教於美國康乃爾大學力學系的鮑亦興，便是當時的重要人物。

在臺大與鮑亦興的奔走規劃下，同年12月9日，行政院政務委員李國鼎主持、多位政府高層首長參與的會議中，順利通過臺大應力所成立，並經行政院院長孫運璿批示，完成核定程序；隔（1984）年，應力所正式成立招生，為國家培育數學、力學理論及實驗兼備的高等力學人才，以支應國防工業及經濟建設的迫切需求，達成人才自足及研究發展自立的目標。

應力所第一任所長正是鮑亦興，他對建館工作和制定發展計畫、赴美洽聘教授等全力投入，非常辛勞，被虞兆中推崇為「臺大應力所之父」。

應力所於1984年開始招生，應力所教授吳光鐘隔年自美取得博士學位後返台任教。他笑著回憶：「我先在美國經過鮑亦興所長的嚴格面試，錄取後能回台灣投入國防科技的研究，心中非常興奮與期待，而且那時因為有政府的十年發展計畫經費支援，應力所教師的福利待遇比較好，除了配有宿舍，每月還有優厚的國防津貼，覺得十分幸運。」

不過，應力所草創初期沒有系館（1987年興建完成），只有兩間研究室，全所3、4位老師共用，也沒有實驗室，一切還是要從零開始。

然而，即使資源有限，但鮑亦興對教學和研究的要求毫不馬虎。

回台任教先學做實驗

應力所創設初期的教學，以力學理論、應用數學與實驗三者並重，加強基本學科能力的培育，同時注重學生專業知能的建立，培養兼具力學理論和實驗分析能力的高級人才，不但支援國防工業，也能為民間產業造就人才。

「鮑所長認為人才培養極為重要，對負責教學的師資要求很嚴格，而且他非常重視實驗教學，每位老師回台任教的第一件事情，就是先到應用物理學實驗室當助教，從頭學習做實驗，」吳光鐘說。

在課程設計方面，應力所有兩門必修的實驗課：電子學實驗和應用力學實驗。吳光鐘說，大部分進入應力所就讀的學生，大學時與機電或電子的接觸不多，但是，「鮑所長認為電子學至關重要，所有學生都必須學會電子學實驗，所以電子學實驗是必修，而且實驗課操作是要求每個同學獨立作業，對學生而言是一大挑戰。」

還好，那時應力所的老師都很年輕，充滿學習熱情，很願意跟隨鮑亦興前進，應力所就這樣一步步建構起來。

十年計畫期間，應力所與中科院合作，除協助其執行飛彈導航、水下聲學等領域的國防武器關鍵技術的研發外，對其所需之國防科技人才培育更有不小的貢獻。

「在當時發展自主國防科技的政策下，中科院亟需大量的相關研究人力投入，所幸應力所1年培育30多位畢業生，10年至少300人，在國家發展自主軍備的關鍵時刻發揮了重要力量，」吳光鐘感慨地說。

率先投入地震研究，提升營建水準

隨著1970年代經濟起飛，臺大工學院在這段期間也密切關心時代與社會需求，積極發揮專業參與各種建設，並加強與外界合作，在台灣經濟、社會等多元領域，都產生了深遠影響。

比方說，台灣早年訂有汽車保護關稅以扶植台灣自有汽車產業，裕隆汽車公司是典型的代表，而在受惠之餘，裕隆主動提出與臺大工學院合作，創設工業研究機構，以產學合作模式提升台灣汽車產業的技術，培育汽車專業人才。

臺大嚴慶齡工業研究中心，對於支持專案研究與教育推廣不遺餘力。

1975年3月，臺大與嚴慶齡工業發展基金會簽約設立慶齡工業研究中心，該中心財務獨立於臺大之外，由裕隆董事長嚴慶齡與吳舜文伉儷捐款5,000萬元做為研究費用，並捐贈機構用樓一幢，於1976年12月落成啟用。

同年，中國大陸爆發唐山大地震，慘痛的傷亡讓台灣警覺要減少地震造成的生命財產損失，必須加強地震工程相關研究，而地震工程領域遍及土木、材料、地質與力學等，介於工程與科學之間，為培育地震研究與工程實務人才，1978年1月臺大工學院整合各相關領域，成立地震工程研究中心，是國內最早成立的相關單位，之後數十年均在地震工程研究領域居於領導地位。

1981年，臺大工學院又與行政院退輔會榮工處（現為榮民工程公司）、臺大及台灣工業技術學院共同創立台灣營建研究

有「護北神庫」之稱的翡翠水庫，為台灣水利史上的重大工程。

中心，結合產、官、學界，投入改善國內營建環境、提升國內營建技術水準。該中心屬於非營利性的財團法人組織，由土木系教授葉超雄擔任首任主任。

面對複雜的工程環境及社會需求，1996年時，台灣營建研究中心改制為台灣營建研究院，土木系教授陳振川擔任首任院長，從原本的協助研究功能，轉型成具有自主研究能力，逐步發展為營建產業所需的重要機構，培養實務技術與研發人才。

協助完成台灣第一版公路容量手冊

1970年代至1980年代，政府大舉推動多項公共建設，時至今日許多重大建設，皆是此時興建完成或展開規劃。

以與大眾生活息息相關的交通建設為例，1978年，國道一號中山高速公路通車，曾是十大建設中備受矚目的工程，臺大土木系所交通組也特別投入研究車流的特性，進而發展到儀控及匝道管制、鋪面維護管理系統、流量倒推起訖點等。

此外，土木系也展開公車方面的研究，包括：路線、車輛汰舊、專用道、費率、政策與公車自動定位系統等，後來更協助交通部完成第一版的《公路容量手冊》，以及發展交通量及交通特性的影像偵測系統、地理資訊應用系統等項目。

土木系大地組的多項研究課題，也開創不少國內研究的先河，像是在實務應用研究方面，配合國內多項重大民生工程建設需要，如：台北盆地工程性質研究、中橫公路邊坡安定等，多項研究成果都對國內重大建設有顯著貢獻。

水利工程方面，攸關大台北地區用水的翡翠水庫，更是第一座由國人獨力完成的大型拱壩，也是最早以永續發展理念興建的優質水庫，在防洪、發電、國土保育及充裕供水等方面都發揮最大的貢獻，在台灣水利工程史上具有劃時代意義。

翡翠水庫從1970年代規劃初期，相關單位負責人幾乎全是臺大土木系畢業的系友，土木系師生團隊也分別在大地、水利、結構、材料、耐震及潛變等面向，為水庫的興建營運、安全管理及災害應變機制提供專業支持，當時也曾參與其中的唐獎基金會執行長陳振川，更以「護北神庫」形容它的重要性。

臺大工學院前院長楊永斌曾是土木系教授和系主任，他表示，台灣有太多建設都會有臺大土木系師生的身影，他更自豪地說：「只要政府一聲召喚，土木系就會馬上站出去！」

資訊科學方面，臺大工學院不論是教學或研發，都逐步爆發出驚人的能量，開創全台網路教學研究便是極為重要的一項。

網際網路於1970年代興起，電機系教授張進福在1977年開授電腦通信網路、排隊理論等課程，從事電腦網路研究，在電機系成立電腦通信實驗室，是全台最早積極投入電腦網路教學研究的學者。實驗室畢業的多位學生，後來進入政府部門、研究機構、公私立大學主持教學研究工作，進一步促進台灣之後近半世紀的網路蓬勃發展。

另一位電機系教授貝蘇章，則是自1973年起從事數位訊號與影像處理的研究，是國內最早從事及大力推動數位訊號處理教育及研究的拓荒者，多項研究成果都在國內外廣泛流傳引用。

難能可貴的是，老師的貢獻非凡，學生的表現也不遑多讓。

催生台灣第一台迷你電腦

臺大電機系系友林百里和溫世仁，於1972年就讀研究所時，成功研製台灣第一部迷你電腦。

台灣那時正面臨從加工出口轉型為資訊工業的關鍵時刻，電腦技術及產業環境尚不成熟，全球電腦產業都以桌上型電腦為主流。林百里受指導教授張煌影響，選修個人電腦並參與製作迷你電腦，但是當時迷你電腦開發經費與材料零件非常缺乏，所幸在校方支持協助下，從國外管道取得材料零件，林百里與溫世仁參考國外研製的迷你電腦，自行設計出台灣第一部迷你電腦，還獲得時任行政院院長蔣經國頒發第一屆「青年獎章」，肯定臺大在科研新發展的努力。

林百里、溫世仁畢業後持續投入電腦產業，帶動台灣產業鏈的轉型與發展，在推動台灣成為科技強國的行列中，扮演著重要角色。

在此同時，台灣的大學聯招轉向電腦化作業，臺大工學院再次承擔重任，從1973年至1982年，每年6月至8月中旬，電算中心及電機系受教育部及大學聯合招生委員會委託，負責進行電子計算機作業。舉凡考生資料的建檔、志願、成績登錄、志願檔比對分發，到最後中文榜單之印製，每一個環節都逐步做到電腦化。

長達10年，電機系與電算中心共同肩負起大專聯招電腦閱卷及分發工作，不但讓近百萬考生和全臺大學享有準確且便捷的作業，更為國家訓練出不少程式設計人員，也建立起大學聯招的公信力。

然而，此時還有另一項更重大的挑戰，正在等待解決。

大學聯招的電腦作業進展過程中，中文榜單曾是很大的挑戰，而要解決這個問題，時間必須再往回推幾年。

1971年，臺大工學院電機系教授馬志欽配合國科會推展電腦科技，研究如何利用電腦做中文處理；之後電機系教授江德曜接棒主持，陸續推出多項中文化成果，包括：大學聯招中文電腦放榜，與台北市自來水廠合作「中文水費單」，以及成功研製第一部點陣式漢字印字裝置等計畫。

促成中文電腦普及化

然而，當時主要的電腦語言畢竟是英文，在那個國人英語能力還未普遍提升的年代，為了避免未來台灣科技發展因語文限制而受阻，臺大電機系與美國王安電腦公司簽約，研發第一部點陣字來推動漢字拉丁化，如今台灣民眾能便捷使用中文處理多項電腦應用，無一不是拜當年這些計畫所賜，奠定了日後台灣電腦使用的基礎，成就了中文電腦的普及化。

在國語語音合成部分，中研院院士、臺大資工系退休教師李琳山，首先在1984年完成全球第一台中文的「文句翻語音」系統，使用「線性預估編碼」技術，是全球第一台能說任意文句國語的中文電腦。

兩年後，他又以「共振峰合成」技術，完成第二台效果更佳的系統，後來還在1987年台北舉辦「全國計算機會議」時，用兩台系統表演「電腦說相聲」，以豐富的戲劇效果，創造傳統文化與現代科技結合的紀錄。

隨著時代的推移，臺大工學院除了在工業領域的創新研究，1970年代的師生們更伸展人文關懷的視角，積極省思社會結構轉變造成的衝擊，對於推動改革有著深層的使命感，也掀起攸關土地與居住正義的改革浪潮。

1989年無殼蝸牛夜宿忠孝東路，抗議房價飆漲，臺大建城所也站上第一線。

融入人文關懷，站上改革浪潮的第一線

1988年成立的建築與城鄉研究所，站上了第一線。

「台灣當時剛展開民主化，各種不同的立場和聲音如百花齊放，」康旻杰指出，站在規劃設計專業的立場上，要聆聽許多沒有能力發聲卻是土地真實使用者的聲音——他們可能長期在社會底層，比較弱勢，不容易表達想法，「建城所課程重視參與式規劃設計的訓練，就是要讓學生親身去理解這些人的存在與需求。」

尤其，「專業實踐的價值不能止於形式美學，」他強調，建城所成立初始即強調「專業的通才教育」，必須借重跨領域知識的刺激，深化對城鄉的洞悉及脈絡分析能力，藉此擴展空間的社會想像，進而轉化為根植於生活世界的具體行動。

也正是基於這樣的理念，當年建城所第一任所長王鴻楷更進一步提出了「人民導向的地方營造與治理」模式，就是以大眾的直接需求為前提，打破過去政府「由上而下」的治理過程，改採「由下而上」的決策模式，做為建城所的教學方向。

1989年，經濟的快速發展帶動房價狂飆，觀察到這樣的社會現象，建城所師生與一群台北市民共同創立了「無住屋者團結組織」，發起一系列針對高房價的抗議行動，進行政策倡議，其中，最引人注意的就是同年8月26日發起的「無殼蝸牛夜宿忠孝東路」行動。當夜有4、5萬人參與，一起睡在台北市忠孝東路的馬路上，要求政府遏止房價炒作，並應以租稅等政策導正房市。

這項行動揭櫫住宅是基本人權、房屋不該用於炒作等概念，獲得媒體連續大幅報導，帶動市井小民大規模的動員支持，被媒體與學界認為是台灣都市社會運動的第一槍，也為之後數十年風起雲湧的社會改革運動，揭開序幕。

首次由學生執行的探空火箭試射計畫

四、五十年前的台灣，上大學是許多年輕人的嚮往，要在知識的殿堂裡享受無憂無慮的時光，這段時期也是成長的關鍵時刻，而面對浩瀚無垠的太空，人類始終懷抱著征服與遨遊的夢想，臺大工學院的年輕學子也不能免俗，在嚴謹的課堂學習之外，也把所學知識擴大運用在社團活動中。

1960年代，美、蘇太空競賽白熱化，促成航太相關科技迅速發展；1969年，美國太空人成功登陸月球，相關科技益發火熱，歐美大學、中學都有學生社團在專業指導與支援下進行各項計畫，發掘、培育航太科技人才。

臺大學生結合所學與社團活動，執行探空火箭試射計畫「臺大探空一號」成功升空。

「臺大火箭研究社」就在這樣的時空背景下誕生。一群工學院機械系學生發起組成研究性社團，一起腦力激盪，學以致用，展開對小型探空火箭的業餘研究與實驗，同時培養出研究方法和組織、計劃與領導能力。

1970年前後，機械系學生黃秉鈞接任社長，積極推動探空火箭試射計畫，很快獲得當時臺大校長閻振興（兼中科院院長）支持，再透過中科院的支援，展開我國第一次由學生執行的探空火箭試射計畫，火箭命名「臺大探空一號」。

「臺大探空一號」計畫，由機械系歐陽績和劉鼎嶽擔任指導教授，自1971年初在黃秉鈞的號召下，集合機械系同學，分工合作，在教授及中科院專家的積極協助下逐步展開，機械系後來的多位教授，如：顏瑞和、范光照、王興華、廖運炫，當時也是社員，曾一起參與。

臺大火箭社的成員雖是學生，但非常有系統地完成試射分組作業計畫，分為探測站、控制中心、發射中心、氣象組等，大家一起追逐夢想，為共同的目標，齊心協力完成任務。

這群青澀的少年，儘管遭遇諸多挫折，研發和實驗的決心始終堅定。1972年1月20日上午9時40分，在彰化王功成功發射自製的「臺大探空一號」，掀起社會高度關注，間接促使政府重視推動相關科技建設，為台灣的太空科技研究帶來了活力和影響。

營造知識交流的場域

半世紀前的臺大工學院學生無疑是充滿熱情的，當時的師長也鼓勵他們在各個面向認真發揮，並且勇於放手讓年輕學生多方嘗試與學習，果真收穫許多不斐成果。

譬如，虞兆中在院長任內，促成中國工程師學會在臺大成立第一個學生分會，由電機系學生盧超群負責籌設，在中國工程師學會中發揮示範作用。又比方，那是自由奔放的年代，也是資源有限的時代，往往需要有識之士登高一呼，集中全力才有機會做好一件事。因此，1974年，虞兆中進一步大刀闊斧革新，他停止了院內所有社團出版的刊物，集中力量籌辦全院唯一的學生期刊《臺大工訊》。

別具意義的是，那時學生的刊物雖須經校方審查，但《臺大工訊》的審查由校方授權院方負責，而院方基於對學生的信任，放手讓學生自由發揮，一群20歲上下的年輕人更加傾注全力，呈現所思與所學，閃耀青春的火花。

《臺大工訊》每學期出刊6期至7期，創刊方針是期望藉由刊物達成院方、系方與同學間的意見交流，並積極促成工學院土木、機械、電機、化工等4系之間的聯繫，增進4系的知識交流，進而肩負國家經濟建設和科技發展。

不負所望，《臺大工訊》打破了以往各系各有刊物、缺少橫向聯繫的弊病，轉為在工學院這個共同平台相互撞擊，強化了向心力，也拓展了交流的場域，讓更多不同思維在這裡激盪出創新的火花。

校園裡來了一架戰鬥機

從成立以來，臺大工學院持續爭取資源，為師生打造最好的教學與研究環境，甚至因此成為許多臺大人校園生活回憶中難以磨滅的風景。

典型的例子，是發生在1989年，工學院引進1架F-100A型超級軍刀機入駐校園，為臺大工學院的歷史，留下了一段長達20多年的特別紀錄。這架在校園裡的戰鬥機，歷史要從1960年

2011年將超級軍刀機拆解後，隔年搬運至成功嶺展示。

代追溯起。

美援期間，美國提供多架空軍F-100超級軍刀戰鬥機給中華民國空軍；時移世易，曾經的空中勇士即將功成身退——1987年，國防部有17架F-100需要淘汰，考量軍機有教學的意義價值，軍方徵詢是否有學校願意接收。由於臺大沒有航空系，但機械系有航空組，時任機械系主任梁文傑同意接收一架飛機，以做為教學研究使用。

機身標示著編號「0218」的F-100軍刀機在1989年5月送進臺大，停放在校總區機械實習工場旁，銀色的機身閃閃發亮，成為工學院耀眼帥氣的景觀，假日常有民眾爭相前往拍照。

幾年後，風吹日曬加上年久失修，軍刀機失去原有的耀眼風貌，再加上時序進入1990年代，反威權的學運、社運興起，軍刀機被視為權威專制的象徵，不時遭到學生噴漆畫X或塗鴉寫標語。

然而等到2010年前後，臺大有意將軍刀機歸還國防部，又有師生展開搶救保存行動。幾經協調討論，最終，2011年11月，臺大正式將軍刀機歸還軍方，由國防部重新修復軍刀機外觀，隔年移至成功嶺營區陳列展示。

年輕同仁中間坐，年老夥伴靠邊站

因應台灣工業環境變遷，1970年代至1990年代的臺大工學院，系、所蓬勃發展，軟硬體設備、經費快速成長，師資更突破1960年代青黃不接的困境，大幅更新與茁壯。

回望1960年代，受到美、蘇冷戰影響，兩大國之間的太空與國防戰備競爭白熱化，美國大學向亞洲國家提出理工科獎學金，吸引人才；相較之下，台灣的國民平均所得偏低，赴美取得碩、博士學位的年輕學人，多數選擇留在美國就業，不願返台工作。

殊不知，這樣的情況，竟然惹來企業界對臺大的不滿。

在臺大《工學院60週年院史》中，已故的機械系教授翁通楹曾回憶：「1960年代初期，臺大工學院畢業的學生80％以上都出國留學，而且一旦出了國門，幾乎都不回來。雖然工學院的畢業生年年增加，但台灣企業界卻找不到工學院的畢業生，而對臺大頗有微詞。」

對此，翁通楹也曾針對機械系畢業生在企業界服務情形詢問業界朋友，得到答覆幾乎是：「臺大畢業生很聰明，工作能力很強，但我們不敢領教。」原來，臺大畢業生經常待了兩、三個月，都還沒為公司做過什麼事情就走了，原因可能是另有高就或要出國留學，所以企業界寧願雇用工專畢業生。

所幸隨著國際局勢轉變，台灣經濟與工業起飛，1970年開始，以前不願長期留台任教的客座學者逐漸在台落地生根，再加上世界能源危機爆發，留學生的國外就業機會減少，而台灣從1971年退出聯合國之後，全力發展經濟，亟需科技人才，連帶提高對教育的投資，教授待遇增加，愈來愈多海外學人回流台灣，臺大工學院的師資陣容也有了顯著改變。

當時的工學院院長虞兆中，掌握國外人才回流時機，認為院內同輩同事都到了60歲的耳順之年，已近交棒之際，於是在年長教授認同下，一方面利用退休教授名額，一方面向校方爭取新設名額，本著「偏勞少壯」的態度，大舉延攬海外的年輕學人到臺大任教，例如：汪群從、茅聲燾、李琳山三位教授，便分別擔任造船系、土木系和資訊系系所主任。

「年輕同仁中間坐，年老夥伴靠邊站」，這是那時虞兆中經常掛在嘴邊的一句話，為的就是把工學院事務多偏勞年輕的少壯同仁。

1971年，臺大工學院教授、副教授及講師人數已達115人，比1965年時的78人增加近5成；到了1979年，全院新聘歸國學者多達13位，同時加入由交大、清大來的師資，這批年輕教師逐漸取代資深教師，成為工學院教師的主要結構，扮演承先啟後的角色，為工學院開疆闢土，引入新的學術領域，帶領工學院迎接新時代的挑戰。

工學師資年輕化

機械系教授周賢福畢業自臺大機械系，他在1970年代申請赴美就學，曾見證那段師資年輕化的歷程。

一開始，美、蘇太空競賽使得理工科獎學金極易申請，其中又以機械系熱流相關專業的需求尤多；1969年美國太空人登陸月球成功後，太空總署預算開始減縮，需求又相對減緩；再後來，越戰爆發，留學生只要一申請綠卡，一定很快能拿到，但問題是，馬上就得去越南上戰場，所以留學生都不敢提出申請。至於周賢福，當他拿到學位時，全世界爆發能源危機，工作機會減少，已陸續有台灣留學生選擇回國服務。

周賢福回臺大任教時，一開始擔任副教授的起薪大約是200美元，比他在美國拿到的碩士班獎學金生活費還少，因此家人不斷問他：「為什麼要回來？」直到回台10年，大約1980年代左右，公教人員調薪幅度增加，大學教師的薪資才逐漸上升，回國服務的人才也大幅增加。

而說起當年留在台灣、留在臺大的年輕學者，便不能不提到曾任臺大工學院院長的陳義男。

周賢福指出，早期留學歸國回機械系任職的教師，多數只待短期就離開，但陳義男不僅是第一位長期留任的博士，更開設了流體力學實驗室，還曾到造船系任教，留下深刻的影響。後來還有自美返國的呂秀雄，於1979年接掌機械系主任，當時才37歲——有趣的是，3年後，周賢福接任系主任，也是37歲。

年輕教師在臺大工學院帶動了新氣象，學生畢業後的留學風潮再起，但此時跟早年已然不同，學成後積極歸國服務的人數增加，正好趕上1990年代台灣新設大專院校，這些學生後來不乏成為學術界的主流，帶動台灣工學教育開枝散葉。而能有這樣的成果，除了物質方面的改善，院長虞兆中對於學術自由的堅持，也扮演了舉足輕重的角色。

推動通識教育，留下深遠影響

1970年代，臺大工學院從教學研究到師資結構快速轉型與擴充，虞兆中做為院長，可說是重要的推手。在他任內（1972年至1979年），不但致力推展院務與教學行政，更堅持大學自主與學術自由，作風開明開放，極度尊重學生的獨立人格。

臺大工學院前院長楊永斌回憶指出，1979年他就讀臺大土木系時，便上過虞兆中的課，留下的印象極為深刻，連說了兩次：「雖然虞院長只有大學學歷，但教學極度嚴謹認真。」

後來，1984年，楊永斌從美國取得博士學位後回到臺大任教，虞兆中已是臺大校長，而他在校長任內推動通識教育課程，更為台灣的大學教育留下深遠影響。

楊永斌在10多年後接任工學院院長，當時虞兆中已經退休，但他做了一件事，讓楊永斌至今難忘：「接任工學院院長的第一天，虞校長特別到院長辦公室來探望，進門就說：『做院長有兩件事最重要，第一是工學院的接線總機要有禮貌，因為那代表工學院的形象；第二，要記住所有學生鬧事都不是事，必須用教育的角度來看，不能用政治的角度看。』」

楊永斌心裡很震撼，第一件事代表著虞校長做人處事的周延與禮節，第二件事則是展現了百分之百的教育家風範，給學生最大的自由與尊重，永遠以最寬容的心胸面對年輕的孩子。

後來他在院長任內推動各項院務時，難免感受到壓力，但總會記得虞兆中校長說過的：「知識就是責任、能力就是責任、機會就是責任。」終於，他一次次克服了難關。

文／邵冰如

1990年～2003年
多元教研，拉大知識光譜

跨世紀的年代是跨域轉型的年代。
教育體制走向民主化、多元化，
學術界也強化跨領域合作，為未來涵養專業人才。

台灣1987年宣布解嚴，邁向改革與開放的新紀元；1990年代，開放黨禁、報禁，一連串的改革帶動政治與社會的豐沛活力，民主自由、政黨競爭，保障人權、拓展兩岸關係、憲政改革等一波接一波的浪潮，在台灣的每一個角落洶湧澎湃。

教育領域裡，全球化浪潮襲來，網際網路開始使用，電腦相關的科技產業飛躍發展，大學的教學研究快速跟上腳步，不但日趨多元，也更重視國際化，積極加強海外交流，在世界提升學術地位。

九〇年代的改革浪潮

台灣的大學校園在1990年代初期，展現前所未有的改革與自由風潮，保障文教人權的聲浪崛起，除了訴求教育機會均等、講學著作自由權充分受到保障，校園民主化更大幅進展。

「教授治校」是那個年代流行的語彙，也是高等學府制度

1990年代起，臺大為落實校園民主風氣提出教授治校的政策，讓高等教育有了重大改變。

改變的重頭戲，舉凡課程及研究領域的發展，皆由教授自行決定，行政工作另由行政系統規劃；再加上，那個時期，台灣民間對「教改」有著深切期待，政府也在民氣可用下進一步推動，希望藉著教育鬆綁，使受教育者享有更多的「自我實現權」。也正是在那樣的背景下，臺大工學院的人事制度有了極大的變化。

隨著校園民主與教授治校成為主流意識，大學校長、系所主管均由教授普選產生，學校決策由教授推選代表組成的校務

工學院各項經費

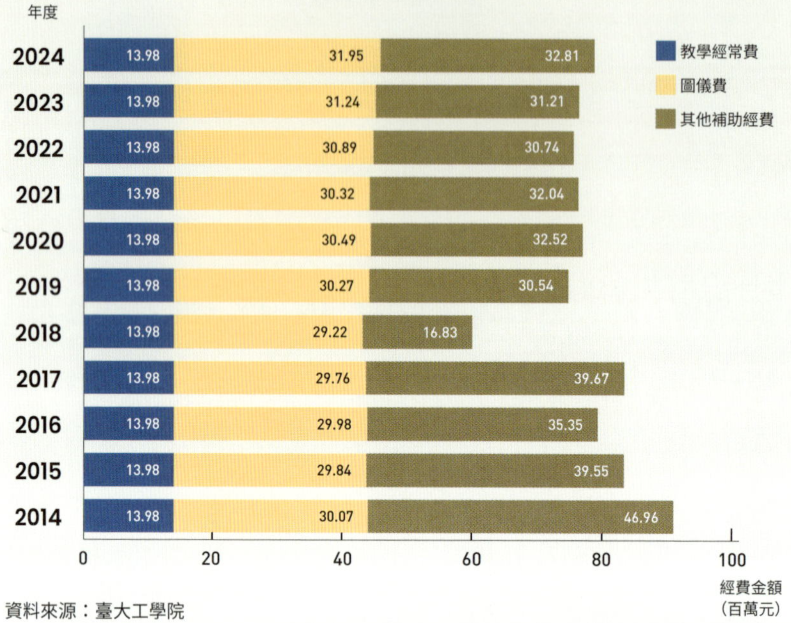

資料來源：臺大工學院

※ 其他補助經費項目包含邁向頂尖大學計畫、高等教育深耕計畫及國際化等教務處補助費用等

會議決定，政府授權大學自行決定教授升等及共同課程訂定等事宜，各級學校對學生的管理走向人性化和民主化。

臺大工學院長期挹注教學、圖儀等經費投資，營造飽滿有溫度的教育環境。

　　而把視野拉到臺大工學院，其中一項明顯的轉變，就是院長產生的方式。

1990年，臺大工學院成立「院長推選委員會」推舉院長，改變以往院長由校長直接派令的傳統。院長推選委員會由各系、各所推出代表組成，根據院長候選人的個人資料，經過面談篩選出合適人選，再從中投票推薦2、3位，呈報校方，由校長擇聘。

同年11月，臺大工學院院長推選委員會選出第十任院長顏清連，之後又在1992年2月首設2位副院長，分掌研究與教學領域；而同樣是在1992年，工學院考量院長推舉過程競爭激烈，局部修正了院長遴選方式，改為兩階段進行——第一階段由推選委員會訂定推選細節並篩選出合適的院長候選人選，第二階段由全院專任教師1人1票複數選舉，再將選舉結果報請校長擇聘。

第一位經由兩階段推選辦法產生的臺大工學院院長，是第十一任院長陳義男，於1993年接任；之後，院長推選辦法再修正，投票人員增列研究人員，1999年出任第十三任院長的楊永斌，便是首位由全院教師普選的院長。

另一方面，工學院教師升等方式也不一樣了，變得更加制度化。過去，工學院教師的升等，由院長及系主任開會商議決定，自1988年起則改由各系從符合升等條件的教師中，向工學院推薦候選人。

然而，名額有限，是否可能造成負面競爭？考量諸多因素，工學院決定，由各系以一定比率計算參與升等教師名額，再送至工學院進行公平競爭。

早期大學教師的升等與聘任採雙軌做法，分開進行。升等方面，院內有升等會議，每年開會一次；聘任則由各系所分別辦理，再經行政程序由院報校。

1993年《新大學法》公布，教育部推動各大學成立「教師評審委員會」制度，強調「三級教評會」，把升等與聘任合而為一，在教評會統一進行。

率先設立電機資訊學院

因應時代需求，臺大各學院出現成立新學院的風潮，工學院根據院務中程發展計畫，考量規劃以專案方式申請成立電機、機械、化工、土木等學院，其中又以電機系擴大設院的過程經歷最多波折並最為成功。

台灣資訊電子產業在1990年代快速蓬勃發展，業界對資訊電子高級人才的需求非常迫切，電機系教授李嗣涔於1991年提出研議改制成立學院的構想，由時任電機系副主任許博文負責規劃，接著經由電機系系務會議通過，結合工學院相關單位成立1系（電機系）3所（電機所、光電所、電信所）的「電機學院」，再獲工學院院務會議通過，在1997年正式成立，由許博文出任電機學院首任院長。

「臺大成立電機學院！」

消息一出，引起其他大學院校相當大的震撼，各校很快跟進設置，電機領域的教學研究在無形中擴大。

幾經討論，工學院最後決定配合臺大校方發展規劃多學院的理念，同意電機系獨立成為電機學院。

到了2000年前後，考量電機學院的整體發展，許博文又全力爭取性質相近的資訊工程學系加入電機學院，經校務、院務會議同意，資訊工程學系與電機學院合併，電機學院更名為「電機資訊學院」。

增設系所，培育重要產業人才

20世紀末期，台灣電腦周邊、半導體與無線通訊等相關產業蓬勃發展，新興產業對人才的需求殷切，國家推動產業發展更需要學術界的支援。

配合資訊科技產業的風起雲湧，臺大工學院積極拓展各相關領域的組織規模，從1990年起陸續新設多個研究所與研究機構，同時展開跨領域的腳步，培育新一代的產業人才。

當時，臺大工學院做了幾項全新的嘗試，工業工程學研究所就是其中之一。

「『工業工程』的概念來自於製造，亦即提升生產製造的效率，改善品管，達到『最佳化』，」工工所教授陳正剛指出，

1990年代隨著台灣產業升級和工業界快速走向自動化的趨勢，跨科系整合產業系統工程與管理的時代來臨，臺大工學院一開始先是1990年在機械系設立工業工程組，1994年進一步獨立成立工工所，招收碩士班，2010年設博士班。

看見醫學工程的重要，臺大工學院成立第一個醫工所。圖為第一屆畢業生。

醫學工程，也在這段期間開始受到重視。

有鑑於醫療儀器是醫師進行診斷與治療的重要助力，臺大醫院於1987年8月成立醫學工程室，除了日常對儀器的保養維護，並展開醫療器材的研發和改進。之後，在醫學系教授王正一推動下，結合臺大醫學院與工學院的資源及研發成果，在1990年成立醫學工程研究中心，1998年8月成立全國第一所由醫學院與工學院共同設立的醫學工程學研究所。

為了配合製造業的自動化趨勢，臺大工學院進一步強化製造自動化方面的研究。

在1996年成立製造自動化研究中心後，隨即推動自動化教學課程、特色實驗室，以及與業界配合等重要工作。而受益於產學高度合作的經驗，又讓臺大機械系在生產自動化領域，以及機械製造領域，站穩了執學術界牛耳的地位，形成正向循環。

此外，這時政府大力推動國家資訊科技發展政策，工學院長期結合臺大校內優秀資訊科技研究與應用人才，累積研究成果與經驗，於1996年設立計算機系統研究中心（2002年更名「工業知識科技研究中心」）。

除了機械系，化工系同樣在此時再次嶄露頭角。

1997年，臺大工學院成立石油化學工業研究中心（現為前瞻綠色材料高值化研究中心），是當時國內大學唯一針對石化工業成立的專門研究單位，一方面將研究成果推廣於國內廠商，爭取產官學合作研究計畫，推動學術及石化工業的相輔發展，另一方面與國內外相關研究單位建立合作關係，掌握國際發展趨勢，提供政府石化產業及能源政策的諮詢。

「這個中心可說是學術界與工業界間的橋梁，」化工系教授陳誠亮曾擔任石化研究中心主任長達6年，他提到，中心運用大學的師資為工業界培訓人才，也因為密切與產業界互動，深知產業界需要什麼樣的人才，學界與業界互信互助，更能培育出最適才適所的學生，這也正是大學教育的意義。

引領微機電系統研究

在邁向21世紀之前，臺大工學院開始大力協助國科會發展微機電產業，投入研究量能與人才培育。

微機電系統（MEMS）是涵蓋工程、科學和醫學領域的多元整合技術，在1960年代出現利用半導體製程在機械結構上製造矽晶片的概念，像西屋公司，便是首批製造出微機電裝置的業者之一。

到了20世紀末期，微機電系統進一步在先進國家受到關注，而台灣因為在微電子和資訊產業具有優勢，產官學界預期微機電有機會成為下一個最具國際競爭力的新興產業。

1998年，國科會決議，在台灣北、中、南各成立區域性微機電系統研究中心，建立實作環境，解決學術機構普遍面臨的製程設備不足問題，也做為未來與大型國家級計畫銜接的基礎。

在國科會委請下，臺大工學院成立「微機電系統研究中心」，並與國科會設於臺大工學院的「北區微機電系統研究中心」互相配合；之後，2002年1月，微機電中心改名為「奈米機電系統研究中心」，由工學院及電資學院兩院合設。

1990年代堪稱是百花齊放的年代。除了機械、機電，身為臺大工學院元老的土木系，在即將邁入21世紀之際，也在強化防震研究方面，展現亮眼成果。

早在1978年，臺大土木系即開創台灣建築結構審查先河；10多年後，有鑑於台灣位處環太平洋地震帶，地震頻傳，為推動震災科技研發，國科會於1990年籌設國家地震工程研究中心，便是由臺大支應建築經費，設備經費則由國科會編列，以

臺大工學院提供充足空間，讓跨領域的師生能安心投入教學或研究。

專案委託研究方式撥付臺大管理，在1996年啟用，推動台灣防震規範更新。

火力全開，優化課程內容

1990年代，還是產業結構轉型的年代。

電腦周邊、半導體與無線通訊等相關工業成長快速，再加上國際間網路產業興起，傳統的機械工業漸漸難與資通訊相關工業抗衡，臺大工學院這段期間除了廣增系所和研究機構，教學和研究內容也緊扣時代趨勢，朝向機電整合、生產自動化、電子化、微機電工程、半導體製程設備、光電工程等方向發展，各系所並展開跨領域課程的整合。

工學院推動的各種學程，包括：精密機電學程、生物科技學程、微機電學程、奈米工程學程、創業與管理學程和計算力學學程，而為配合學術國際化趨勢，也鼓勵各系所開設英語教學課程；此外，因應資訊科技發展，工學院大規模改善視訊教學設備，推動電腦輔助教學及網路教學。

「火力全開」四個字，恰可形容當時各系所熱情飛揚，積極調整、優化課程內容的狀態。

土木系，考量社會環境變遷，新一代土木工程師需要提升語言與撰寫溝通技巧、群體合作及解決問題能力，歷經多年規劃，整合出全新的課程架構。

譬如，在研究所方面，強化電腦輔助工程領域，分為電腦輔助工程組及營建工程與管理組；大學部方面，則取消了結構力學與結構工程的分組模式，統合為結構工程，全系區分為大地工程組、結構工程組、水利工程組、交通工程組、電腦輔助工程組等組，課程各有特色。

機械系，針對教學設有專責的「課程委員會」，逐年檢討課程發展方向與執行成果，大學部開授的課程內容更趨廣泛，且理論、實驗與實務並重；此外，因應台灣工業發展強調「機電整合」，研究目標因此朝向精密機械、能源、機電整合、微機電等領域前進。

電機系，教學研究領域日趨龐大、多元，於是在1997年分為電子、電信、電機、電腦、綜合等5類學門，大三、大四再增加多媒體與網路實驗，培養學生理論與實驗並重能力。

資訊工程學系，擬定四大研究方向：高性能計算機系統、電腦通訊及多媒體系統、人工智慧與中文資訊系統、平行程式語言與軟體發展研究，相關實驗室陸續設立，成為國內資訊領域群體研究的先驅。

1980年代的造船系，以推動國防科技自主研發為目標，進行水下載具、自動控制等水下技術研究，以海洋工程領域做為發展重點；1992年又因應國際趨勢，海洋開發導引大學相關系所朝向海洋工程領域擴展，造船系開始進行課程調整，更名轉型為「造船及海洋工程學系」，規劃造船組與海工組。其中，海工組除了既有的海岸工程之外，主要定位在自主式水下載具和水下聲學領域。

不過，系所調整的歷程並非一路順遂，更名沒幾年的造船及海洋工程學系又面臨新的衝擊。

造船專業跨向多元領域

工科海洋系名譽教授邱逢琛表示，1990年代後期，台灣造船產業低迷，指標性的台船公司面臨商船業務困境，累計虧損超過百億元，台灣年輕學子投入造船與海洋產業的意願大降，那時他擔任第六任系所主任（1997年8月至2000年7月），系內申請轉系的學生大幅增加，「最多時1個班多達1/4的學生要轉系，系的大學聯考志願排名更是大幅滑落，不得不思考再度更名轉型。」

他坦言，當時造船及海工系的教師專業領域已走向多元，不局限於船舶海工領域，系內老師間也認為「造船」之名的確不利於招生，但應保留「海洋工程」。

幾經討論之後，造船及海工系於2002年正式更名為「工程科學及海洋工程學系」，教學研究再度轉型，整合光機電資訊領域，分為「船海應力計算」和「光機電資訊」兩組，成為跨領域教學研究團隊。另為維持與造船產業的關係，同時，成立院級「船舶技術研究中心」（2017年更名為船舶及海洋技術研究中心）。

精進教研，大量採購精密儀器

為了精進科學研究，長期以來，臺大工學院並不吝於投資採購精密儀器設備。但，經費從哪來？這類直擊人心的問題，不時考驗著各系所。「1980年代以來，所內貴重儀器愈來愈多，每年維護費用平均約須100萬元，」材料所教授王文雄直言，教授、學生使用貴重儀器必須付費，多少有所貼補，但仍然不足以支應，「每任所長都要為此頭痛。」

直到1998年，他擔任所長時，偕同3位儀器負責教授黃坤祥、楊哲人、段維新的努力，再加上國科會臺大貴重儀器中心主任王瑜的協助，材料所終於加入國科會貴儀中心。

「加入貴儀中心，不但材料所師生使用貴儀可由國科會研究計畫支付費用，貴儀中心還會補助儀器維護費及耗材費，大幅減輕了材料所的負擔，」王文雄提到：「使用10年的儀器也可申請汰舊換新，強化了材料所的研發能力和教學品質，教學研究進步得更快。」

應力所也曾經歷類似的轉型陣痛期。

「應力所1984年因政府需要國防軍備研發人才而成立，肩負10年計畫的重責，但1994年10年計畫結束後，一切回歸正常，應力所不論教學研究或經費來源，都面臨很大挑戰，」應力所教授吳光鐘無奈地說：「應力所的經費少了一個零。」

吳光鐘當時是應力所所長，他回憶，由於不再有政府挹注，老師的研究經費驟減，也不再有國防獎學金吸引學生，所內同仁很擔心從此招生不易，因此那時應力所招生考試一放榜，「我會寫信給每位考上的學生，在信裡詳細說明應力所的優點，並舉辦說明會，帶著學生參觀實驗室。」

效果如何？「還不錯，學生沒有明顯流失，」吳光鐘笑著說。不過，隨著時代遞嬗，應力所的教學研究方向大幅轉變，從國防科技，調整為國家建設與產業需求導向的跨領域整合性研究，包括：力學、奈米、生物力學、生醫、能源、資訊及機電系統等。

「所內經費一半以上都用於教學，」吳光鐘提到，當時他要求同仁，經費雖減少但教學品質不能下降，「還好老師們並沒有因為經費銳減而出走，而且鮮有怨言，反倒全力開源節流，積極投入關鍵產業的技術開發，終於順利跨過難關。」

秉持共體時艱的心情，當年應力所的老師對教學毫不懈怠，但吳光鐘最難忘的，是創所教授鮑亦興。

「他的視力已衰退到幾乎全盲，但每次上課前會先口述教學內容讓助理寫成投影片，每一張投影片上的文字、數字和方程式全都清清楚楚在他腦中，上課時放一張、講一張，有條不紊，」吳光鐘認為，正是那種認真的精神與傳承的熱情感動了應力所師生，也在無形中凝聚了大家共度困境的決心。

啟動跨領域整合

20世紀末期，大型電腦走下舞台，個人電腦硬體快速發展，網路世界的形成改變傳統工程模式，電子郵件、網際網路成為主流，教學和研究也著重專家系統、人工智慧、電腦圖學及繪圖、電腦輔助設計及電腦輔助工程等發展，工學院著手進行電腦課程整合。

早在1980年起至1984年，電機系教授李琳山便完成了「文句翻語音」系統，讓電腦可以「說國語」；10年後，他又在1991年成功研發全世界第一台能正確辨識任意中文文句語音的聽寫系統，命名為「金聲一號」。之後不斷改良，分別於1993年、1995年完成「金聲二號」和「金聲三號」，金聲三號更成為全球首台可以即時辨識任意文句連讀國語語音的工作站版；再之後，他又分別在1996年、1997年、1998年，再完成「金聲三號」96版、97版、98版，且將技術成功移轉產業界，成為實際可用的純軟體PC版本。

此外，自1995年起，李琳山還將國語語音辨識技術延伸到聽寫及中文輸入以外的多元化環境，並且克服了網路世界的技術挑戰，在1997年首先發展出全球第一套以國語語音檢索網路中文資源的技術。發展過程中，許多核心基礎技術當時都領先全球，並延伸所有語言都適用，不再僅限於中文，在在見證臺大工學院劃時代的貢獻。

而從1996年起，PC成為最主要的計算工具，以它做為主要架構或平台的各種計算方法逐漸成為研究主流，再加上網路化與自動化是發展重點，促成了電腦輔助工程成為工學院各系的重要學術分組。

例如：機械系及工科海洋系，在應用資訊領域方面，首先引進計算流體力學技術，從事基礎學術方面的研究和計算相關程式開發，為各領域的理論研究提供更有效的演算方式。

另一個領域整合的重點，是機電整合。機械系的研究教學漸朝向機電整合、生產自動化、晶圓整合製造、微機電工程、奈米工程、半導體製程設備、機電光工程等方向發展，學生也十分熱中整合課程，有的學生畢業後更轉入電子、電機或資訊工程等領域。

工科海洋系此時也對造船科技領域與機電資訊領域的整合，不遺餘力，後來又進一步從事通訊、導航與自動控制相關領域的基礎與應用研究。

另外值得一提的，是化工系對粉粒體技術研究的領域整合，也有顯著成果。化工系自1990年以推廣台灣有關粉粒體技術的研究與教育為目標，教授呂維明創設「粉粒體技術實驗室」，加強粉粒體技術教學及推廣產學合作的方向發展。

一般化學產品中，有近60%是以粉粒體型態出現，另有20%以上產品，在製程上亦涉及粉粒體技術有關的操作，相關的產業包含化妝品、水泥、粉末冶金等不一而足。因此，「粉粒體研究需要很多儀器設備，臺大的粉粒體實驗室以共同實驗室型態，把相關設備集合在一起，在當時是台灣第一個，更成為國內重要實驗室範例，」陳誠亮說。

同一時間，臺大工學院開始敞開大門，積極與校內其他學院進行合作，其中又以與醫學院合作的醫工學程最具代表性，相關研究包括生物材料、生物力學、臨床工程、整合性人體心肺生理監視系統、熱療研究、生醫電子、醫療儀器與醫學影像。

前瞻21世紀新興產業

1990年代後期的工學院，面對國內政治與經濟紛擾不斷，卻更加充滿前瞻性。他們結合了國科會、工研院、中研院、中科院等單位專家群，推動奈米工程學程，提前投入21世紀的新興產業。

譬如，工學院與電機資訊學院整合兩院的人才，進行跨院系奈米工程理論與技術的教學研究，培養奈米工程學的專門師資及人才，建立完整的奈米工程教學系統。

除了培養高科技領域的人才，臺大工學院也體認到台灣科技創業與管理專業人才的不足，與管理學院、電機資訊學院進行跨院課程整合，成立「科技創業與管理學程」，藉由院際整合，培植科技創業與管理人才。

同時，行政院提出「科技專案」名額，編列預算延攬科技人才，臺大工學院透過這項專案分配到員額，可擴充人員編制。這些人才自國外名校畢業，或有實務工作經驗，將許多先進國家大企業的管理制度和科技新觀念帶進台灣。不僅如此，行政院各部會還成立科技顧問室，做為科技知識的重要諮詢，臺大的教授又在其中扮演重要角色。

除了保持優良的研究風氣，臺大工學院此時與工業界的合

環境問題是全球面臨的挑戰，環工所符合時勢所趨，開設各種研究與管理課程。

作也更加積極。例如，慶齡工業研究中心在1970年代設立，中心定位在促進創新科技的研發，建立國內自有技術，以提升業界技術與產業競爭力。同時，整合校內工學院及電資學院資源，擔任產學合作的橋梁。此外，也接受各界委託，提供國際會議服務，以及辦理科技工程類各種在職訓練，規劃專業與整合性訓練課程，培訓人才。

慶齡工業研究中心自成立以來到2023年回歸校務基金為止，執行產學合作經費總額逾100億元、培訓工程專業人才及學術研討交流超過10萬人次，已成為產學合作的典範。

另外，環境問題此時已成為台灣面臨的新挑戰，對環保專業人才和相關資訊的需求殷切，因此，環工所於1998年8月分設「環境科學與工程組」及「環境規劃與管理組」，前者發展環工基礎教育，後者從事強化綜合規劃的研究與管理實務。

環工所當時也發現，傳統環境工程教育缺乏對環境系統的分析訓練，很多決策人員的綜合規劃能力不足，為了配合政府施展環保政策，環工所在1999年成立「環境規劃與管理組在職碩士專班」，協助培育公部門與民間的環保在職人員。

「這個在職專班至今仍年年招生，教學訓練內容扎實嚴格，台灣公部門許多環保相關的高層官員，很多曾是在職專班的學生，此外為因應高級環工人才的殷切需求，之後又增設博士班，畢業生擔任教職或高階領軍人物，」環工所教授楊萬發說。

培養全球視野與國際移動力

工學院的教育目標著重教學與研究相輔相成，推動國際化是提升教學與研究能量的重要策略。隨著時代的推移，1990年代起，臺大工學院積極從各個面向推動國際化，期盼能增強學術競爭力，同時培養師生的全球視野與國際移動力。

首先，是工學院院長陳義男在任期間（1993年至1999年），為提升工學院論文發表的質與量，設立《論文發表獎勵暫行辦法》，鼓勵院內同仁多投稿高水準的國際學術期刊，快速點燃了工學院各系奮力拚論文的火苗。

翻開2002年出版的《工學院院史》，裡面記載著，從84學年度至88學年度，工學院有11位教授獲得台灣學術界最高榮譽的國家講座、傑出人才講座和教育部學術獎。

曾在土木系任教的楊永斌也記得，1980年代中期，只有極少數的國際期刊曾刊登台灣土木工程學者的研究論文，但工學院許多老師都深知，唯有做出獲得國際期刊認同的研究，才能真正提升台灣的研究能力，因此，包含他在內的老師，帶著多位研究生下苦功做研究，短短幾年內在重要國際期刊上發表多篇論文，這樣的結果給了師生們很大的信心，也讓外界認識到，臺大工學院已具備站上國際舞台的頂尖學術能力。

緊接著，工學院各系所陸續與國外知名學術機構，進行跨國、跨校的教研合作，例如：土木系在1995年、1996年，與新加坡國立大學、日本東京大學和挪威奧斯陸大學，簽署合作協定，建城所也曾與香港中文大學「地球信息科學聯合實驗室」共同推動「城市地理信息系統學術論壇」。

其他各系所也積極參與國際學術組織，加入團體會員，系所的老師們更快速登上國際學術論壇主持及論文發表，掌握國際學術資訊的脈動，相互交流國內外學術成果。

不過，有些改變，發生在校園之外。

承襲著創院以來的使命感，臺大工學院這段時期不但協助台灣資訊科技產業的起飛和經濟發展轉型，對重大建設、民眾福祉、社會公平正義乃至公共政策的制定，也不遺餘力參與，在各個面向展現知識份子對國家、社會與人民的責任心。

埋首學術，也要追求公平正義

交通領域方面，早自十大建設時期起，臺大工學院不論在研究或實務領域，都已頗受公部門倚重，後來台北市政府規劃興建捷運，工學院曾受託完成木柵線沿線土地使用及場站交通影響評估工作，以及協助新店線及板南線場站交通規劃工作。

在台北市政府徵召下，土木系洪如江、高健章與陳永祥等3位教授，以及機械系陳希立、顏家鈺等2位教授，參與了國內首套都市捷運系統的體檢工作，針對法商馬特拉公司承製的木柵線中運量捷運系統安全通車進行檢測，1995年完成「捷運紅皮書」，也就是台北捷運系統木柵線的體檢報告書。

甚至為了大眾生命財產安全，土木系師生還曾走上街頭。1993年12月，建築師出身的立委提案修改《建築法》第13條但書規定，將「有關建築物結構及設備等專業工程部分……，應由承辦建築師交由依法登記開業之專業工業技師負責辦理」之「應」字，改為「得」字，並在立法院一讀初審通過。

看似一個字的修改，實際上嚴重衝擊土木工程產業的專業分工制度。一旦二、三讀立法通過，就代表建物結構及設備等專業工程不再受到專業技師的監督，將嚴重危害全民公共安全，並戕害工學院教育成果及萬千學子的出路。

當時的土木系系主任陳振川立即出面，嚴正反對這項修正案；並啟動尋求各大學教授連署，短短3天獲得近400多位連署支持及登報。繼之於後的，是土木系教授邱昌平的積極奔走，隔年1月隨即尋求朝野立委提覆議案，並舉辦記者會、撰稿投書媒體、刊登廣告，準備大型請願活動。

土木系所的行動獲得產業界和學界高度支持，陳振川和當時的臺大工學院院長顏清連、臺科大營建系系主任陳希舜、中大土木系系主任林志棟、成大土木系系主任徐德修、國震中心主任葉超雄、結構學會理事長陳清泉，以及高健章、邱昌平等教授，共同連袂拜訪時任營建署署長潘禮門，表明產、學界的態度與決心。

1994年1月15日，立法院再次開議審查《建築法》修正案，由陳振川帶領近2,000位教授、學生、技師，群集立法院表達嚴正抗議。終於，他們的訴求獲得多數立委支持，覆議成功，成功捍衛工程師的專業，也保障了土木工程產業的發展，更穩定了公共安全的規範。

另外，台灣地震頻繁，防災科技至關重要，臺大土木系在地震防災科技的研究與發展上也扮演重要角色。

1970年代，臺大工學院先設立地震工程研究中心；到了1990年，國科會進一步在臺大校內設立國震中心，歷屆主任皆由土木系教授擔任，而土木系也長期與國震中心合作，協助政府修訂相關法規與推動耐震評估補強計畫，開發創新減災科技。

1999年9月21日凌晨，台灣南投縣集集鎮發生芮氏規模7.3的強烈地震，造成全台上萬民眾傷亡，經濟損失逾3,600多億元，也震出許多建築、橋梁等耐震能力不足的問題。在921地震後，國震中心立即組成勘災團隊，深入災區帶回第一手勘災資料，分析災損原因。之後20多年，致力研發各項地震防／減災技術，修訂建築規範、提升結構耐震能力，為台灣的震災防治帶來深遠影響。

倡議國艦國造

工科海洋系所的研究發展也走向多元化，在國內聲學領域研究上，扮演領先推動的角色，同時也大力協助政府推動造船產業發展。1996年，經濟部工業局提出造船工業發展與策略措施，翌年委由現任工科海洋系名譽教授李雅榮成立推動小組，研定如何協助產業界提升競爭力。

20世紀末期，台灣造船業在遊艇、小型螺槳與軸系等領域有不錯成果，台灣製造的產品遍布世界且口碑佳，背後便有工科海洋系所協助提升國內船舶設計與建造專業能力的貢獻。

對於支持國艦國造和國防科技自主研發，工科海洋系更是功不可沒。

長期以來，由於艦艇設計與建造需要仰賴高度複雜且先進的技術，台灣幾乎完全依賴美方供應軍艦。為了確保台灣能夠擁有水下自衛與嚇阻力量，臺大工科海洋系教授聯合其他學校與業界共同呼籲，促使國防部開始嘗試落實國艦國造政策，之後陸續有錦江級近岸巡防艦等不同型式的艦艇建造計畫。為了支援這項攸關國防自主的重大政策，工科海洋系多位教授參與設計、分析與試驗等工作，持續以專業能量貢獻國家發展。

邱逢琛表示，這段期間工科海洋系陸續協助台船公司、聯合船舶設計發展中心、海軍造船發展中心開發船型（包括：商船、遊艇基本船型、光六飛彈快艇等），也在中科院開發魚雷（亢龍計畫）和水下無人載具（慧龍計畫）時，提供關鍵技術的協助，展現學界在國防科技創新中的重要戰略角色。

在機械領域方面，因應國際環保意識提升，臺大太陽能實驗室計畫主持人黃秉鈞於2000年在經濟部能源委員會（現改制為經濟部能源署）協助下，成立「新能源中心」，從事能源替代的研發，對於太陽能集熱器與太陽能電池的研究有不錯水準。

推動半導體產業最佳化

30多年前半導體產業興起，除了關鍵技術的研發，如何提升製造系統效率、整合管理供應鏈，也是科技產業的當務之急，1994年成立的臺大工工所，便在這場半導體大躍進的歷程中，扮演著重要角色。

「工工所致力於跨領域系統整合、系統創新與系統管理的研究，而半導體產業因為生產步驟複雜精細，可說是相對艱難的挑戰，」陳正剛指出，工工所成立初期便與科技業進行產學合作，正式踏入台灣的半導體產業，並在1996年提出「半導體製造系統研究計畫」，很快便獲得SRC（半導體研究聯盟）的經費補助，第一次的補助經費高達35萬美元。

SRC是個致力於結合產業界、學術界及政府機構，從事半導體研究的非營利聯盟組織，1982年創立於美國，成員包含全球20家以上的頂尖半導體企業、3國政府機構和百餘所大學，由企業及政府會員提供贊助，支持參與的大學針對指定主題進行研究。參與SRC的機構都是頂尖企業或國際知名的主權基金，以及美國政府的研究機構，聯電是當時台灣唯一SRC會員，後續SRC與另一個非營利半導體製造科技產學研究聯盟SEMATECH，合作補助相關研究計畫，台積電便是該聯盟成員之一。

「臺大工工所，是台灣第一個獲得SRC經費補助的學術單位，」陳正剛指出，尤其是針對半導體製造網路需求規劃與監控的研究，後來更連續5年獲得SRC及SEMATECH補助。身為計畫主持人，他指出，工工所的研究聚焦於半導體供應鏈管理，在這項產學合作計畫下，師生們可以和台、美、德等國的半導體從業人員交流討論。

陳正剛表示，臺大團隊赴美發表研究成果時，英特爾、IBM和德州儀器等國際知名大廠都在現場，他們的反饋帶動了工工所在半導體製造系統研究的繼續深耕與國際化，也引領著工工所與國際半導體產業快速連結。

建城所積極推動居住正義，圖為1990年參與無殼蝸牛重返忠孝東路的活動。

科技業蓬勃發展的結果，帶動了新一波的人才需求，「這段時期，業界對於工業工程管理專業需求迫切，也期待學界可以提供更高階的學識與訓練，工工所的課程也隨之不斷調整，」陳正剛自豪地說：「工工所培育出一代接一代的工業工程管理人才投入半導體產業，對產業製程及供應鏈的最佳化，絕對有著巨大貢獻！」

勾勒知識份子社會參與的輪廓

工業與科技發展之外，臺大工學院對社會參與也十分重視，嘗試透過積極參與土地和住宅的立法與修法過程，讓公共治理更貼近市民生活的實際需求，建城所就是典型的例子。它在1989年發起的無殼蝸牛行動，為台灣的居住正義開啟了新頁；3年後，為了繼續推動住宅政策，1992年成立「專業者都市改革組織」和「崔媽媽租屋服務中心」。

其中，專業者都市改革組織以建設更廣大的宜居環境為目標，包括：生態保護、交通人權、文化保存、社區營造等，推動專業教育與制度改革，並推動土地和住宅政策的相關立法工作；崔媽媽租屋服務中心則轉型為「崔媽媽基金會」，長期致力於維護租屋者權益，包括：提供法律服務，推動搬家公司的評鑑制度、健全市場機制以提升搬家公司的服務、減低租屋者面臨的風險。

除了土地改革運動，建城所也致力爭取性別空間平等。

1996年，建城所針對臺大校園的一百多間廁所進行總體檢，揭示女廁數量嚴重不足，同時還有隱私、安全、通風、照明等空間問題。由於女廁問題並非僅存於臺大校園，因此建城所性別與空間研究室和臺大學生會，聯合大專全女聯推動「新五四女廁運動」，一路帶動全台女廁的改革，幾年後促成修法，讓台灣公共廁所男廁與女廁的隔間數量達到1比5，在世界名列前茅，並且廢除了公共女廁收費制度。

從街頭運動到政策建言，從制度倡議到公共空間改革，建城所一連串的社會參與和捍衛弱勢者的行動，喚起許多台灣人的省思，也成為推動社會改革的代名詞之一。

文／邵冰如

2004年迄今
在智慧經濟時代碰撞創新

在知識與智慧科技交織的年代，
創新不再是選項，而是一種必然。
工學教育也在多元碰撞中，看見新經濟的活力與可能。

越過千禧年，麻省理工學院經濟學家梭羅（Lester C. Thurow）出版了《知識經濟時代》（*Building Wealth*）一書，直指「知識就是財富」；但其實，早在1990年代初期，彼得・杜拉克便已宣稱，在後資本主義社會，決定性的資源不再是資本、土地或勞動力，而是「知識」。然而，具體來說，知識如何帶動社會的繁榮進步？

發展全方位的工學教育

21世紀是動盪的世紀，台灣走過解嚴初期的陣痛，穿越歷史的轉折點，政治上首度政黨輪替，各種意識型態碰撞出激越火花，民眾在紛擾中摸索出自成一脈的秩序，在民主與自由的護衛下步步前進。

經濟同時出現新的變化，歷經網路泡沫化、全球金融風暴、失業率上升等危機之後，隨著數位科技的飛躍成長和網際

臺大工學院綜合新館於2022年落成，其中南棟命名「機械系館／宗倬章館」，為機械系的專用空間。

網路的普及，身為全球產業鏈重要成員的台灣，仍閃耀著不容小覷的經濟實力和成長動能。

做為台灣最高學府，尤其是與國內產業發展密切相關的臺大工學院，經過歷任院長及師生的努力，已由1945年4個學系，發展成為涵蓋各工程領域的全方位工學院。截至2025年，全院師生人數已超過5千人，在政府、學術機構及企業界，都有校友位居要職並有傑出表現。

目前工學院的教學體系已臻完整，涵蓋了土木、機械、化工、工科海洋、材料、醫工等6個系所，以及環工、應力、建城、工工、高分子科學與工程學等5個獨立研究所。全院現有11個系所同時設有碩士班與博士班，工工所還在竹北校區開設碩士在職專班，另有12個院級研究中心，持續深化技術整合與創新研究。

另為培養能夠整合各種關鍵技術的跨領域人才，臺大工學院在2016年成立綠色永續材料與精密元件博士學位學程，2017年成立分子科學與技術國際研究生博士學位學程，2021年成立永續化學科技國際研究生博士學位學程；2022年更領先全校，增設「智慧工程科技全英語學士學位學程」，以培育跨域國際工程人才，也包含來自泰國、印尼、俄羅斯、韓國、日本、美國、吉爾吉斯、聖露西亞、瓜地馬拉等地的國際學生。

與此同時，因應教學領域開展的需求，臺大工學院也持續強化行政團隊陣容，以教學、招生、學務、研究、國際合作、產學、募款等分工，增設功能性副院長，人數從以前的2位增加到4位，另設國際事務執行長，以強化團隊分工與執行效率，活化工學院團隊競爭力。

在人才資源方面，以2025年為例，工學院現有專任教師263人，其中正教授176人、副教授54人、助理教授32人、講師1人，教師均擁有博士學位，大部分最高學歷來自美國及歐洲、日本等地的著名大學；不僅如此，他們除了在教學上追求卓越，研究方面的表現也在全國許多工程領域居於領導地位，歷年獲得國科會「傑出研究獎」共178人次。

值得一提的是，在臺大現有302位特聘教授中，工學院便占了51位。特聘教授代表教授在專業領域的學術、產學合作、教學方面具有重大傑出成就，這個占比也就意味著工學院對專業人才的重視，而這份用心也反映在論文表現上。

放眼世界，工學院的闕居振、吳嘉文、李篤中等教授，被列為科睿唯安（Clarivate）公布的「全球高被引學者」（Highly Cited Researchers）名單；而在國內講座方面，歷年也有多位工學院教授獲教育部「國家講座」及「學術獎」等重要獎項，現任校長陳文章更是兩度榮任「國家講座」殊榮。

工學院的學生人數和素質也是台灣各大學的佼佼者。113學年度第一學期的大學部人數2,168人，無論材料系、化工系、機械系、工科系及土木系，均長期位居國內大學入學考試同科系排名首位；至於碩士生和博士生人數，分別多達2,583人與806人，來自臺大及全國各大學理工科系的優秀畢業生在此匯聚交融。此外，因應國際學術交流需求，工學院還有630位外籍學生（含僑生與陸生）。

緊扣時代脈動，優化教學研究質量

面對挑戰與動盪的全球化新時代，知識經濟結合智慧科技，無疑成為引領21世紀的主軸，大學成為知識創新與人才培育的關鍵舞台，大學競爭力又是國家競爭力的重要指標之一。其中，臺大工學院除了延續上世紀配合國家經建與科技需求的模式，近年也朝向更豐富、多元與跨領域的方向發展。

「教學與研究並進，是工學院的教育目標，」臺大工學院院長江茂雄開宗明義地說。

以教學為例，工學院致力改進課程規劃、提升教學品質，培養具備基礎科學知識與專業技能、工程倫理與社會責任意識，以及國際視野與領導能力等綜合素養的優秀工程師與工程研究人員；在研究方面，則可看見師生們積極發展工程相關的專業領域，基礎與應用並重，強化外界合作，提升各領域研究成果的質與量，諸如浮式風電、染料敏化太陽能電池、次奈米材料等，都達到國際一流水準，領先國內學術界。

此外，「跨領域整合」可說是工學院各系所近20年來的重要走向，從教學課程到研究內容，都發展出全新風貌。

土木系，是工學院成立最久的科系，持續大刀闊斧進行課程改革。譬如，大學部著重通才教育，課程加入以實作為主要元素的創新課程，並瞄準國際化趨勢，不僅早在1994年就有第一位外籍生入學，2019年更領先全校，建立大學部第一個全英語專班，同時爭取優質的國際學生入學，提升臺大土木系的國際競爭力與能見度。

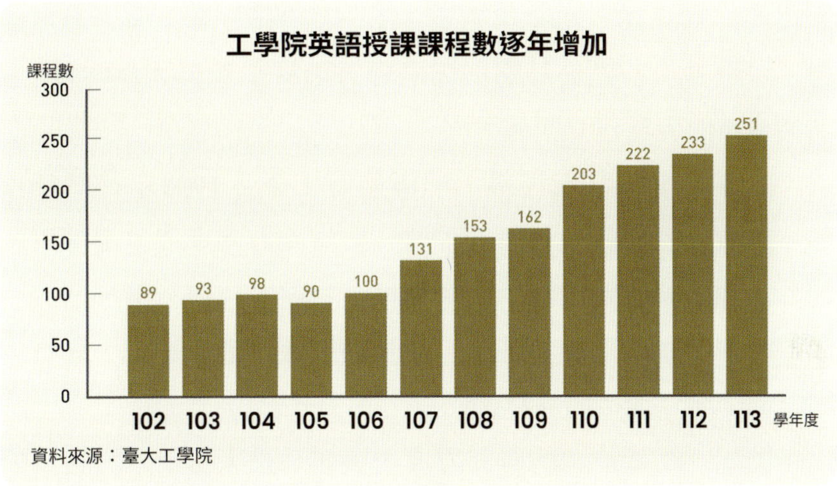

臺大工學院提升英語授課數量與品質，讓學生具備跨文化溝通能力，儲備國際移動力。

臺大工學院前院長楊永斌指出，國際化是必然趨勢，早在他擔任土木系系主任時，便已著手推動土木系所以英語授課，1999年接任院長後更擴大至全院，很快就讓工學院有90項課程實施英語授課，居臺大各學院之冠。

另外，為了讓學生更具備跨領域的能力，土木系設計學群課程，由跨系所教師共同開課。近年來，部分學群課程已促成跨領域研究，藉由模組課程讓學生跨域學習，儲備更扎實、多元的知識。

考量全球科技發展快速，機械系在2002年檢討教育目標，蒐集各方意見後，2004年確定為：「因應科技與工業之發展趨勢，以培養具前瞻與領導能力之優秀機械工程人才為宗旨」，為機械系的發展建立明確方向。

的確，全球電腦周邊、半導體等工業從1990年代開始蓬勃，機械系的研究、教學除了傳統機械固力等專業基礎課程訓練外，也漸朝向新能源、精密機械、生醫晶片與智慧機器等跨領域新興學程的訓練；甚至，學生們結合興趣與專業，連賽車場上都能看見他們的身影。

例如，在新能源的研究方面，機械系投入自駕車與自駕運輸系統技術的教學和研發，學生們還組成團隊參加國際競賽，像是自2018年開始參加杜拜官方舉行的世界自駕運輸挑戰賽，臺大團隊與業界合組的「台灣iAuto」團隊是全球唯一連續3屆參賽並得獎的團隊。

再比如環工所，名譽教授楊萬發提到，環境工程發展至今，已擴展至全球環境問題，國內環境問題則已在可控制之中，因此，過去課程強調源頭汙染控制、清潔生產工業減廢、資源回收等，現在則需要與國際接軌，更要強調節能減碳、氣候變遷、循環經濟、環境永續等領域，環工所也與時俱進開設相關課程，全所課程規劃共有60門之多。

時代的巨輪持續轉動，在2000年以後，綠能、生技、半導體等領域蓬勃發展，成為高等教育人才培育的重點方向，臺大工學院各系所的轉型也在時局浪潮上持續深化。

深化跨領域關鍵科技產業人才培育

2002年，工科海洋系更名的同時也積極轉型，整合光機電資訊領域，成為更完整的跨領域教學研究團隊；近年，配合國家重大政策發展，積極投入離岸風力發電領域，1990年代中期之後倡議的「國艦國造」，也在此時進一步落實，跨領域整合成為這個階段的重要特色。

工科海洋系名譽教授邱逢琛表示，目前系內教學目標是培育國家發展需要的跨領域關鍵科技產業人才，課程涵蓋光機電、資訊、海洋、應用力學、計算科學等工程專業課程，而多元領域的優勢，也大幅提升了工海系系統整合、執行大型計畫的能量。

以他主持的「第二期能源國家型科技計畫」(NEP-II）浮游式黑潮發電渦輪機開發來說，「除了原本船舶海洋傳統的流力、結構、控制領域，系內還有電子電力、電化學專業的教師參與，提供莫大助力。」

至於工工所則是針對半導體製造系統研究，繼續深耕與國際化。近年，工工所在先進製程設備控制與供應鏈整合方面的研究，陸續有亮麗成果，除了國內大廠的大型產學合作計畫，與美、法等國廠商都有合作，同時利用製造的服務化與服務的

鄭江樓在2018年落成，北棟提供化工系使用，同時也是產學合作空間。

科技化來提升產業附加價值，結合電資學院、管理學院與工學院不同專業，開拓新的跨領域研究。

除了半導體等科技產業，「我們正大步跨向生醫工程領域，」工工所教授陳正剛提到，他們與國內醫院合作改善醫療服務系統作業效率、投入智慧醫材研發，同時結合校內資源，與臺大醫學院合作，成功研發出超音波自動腫瘤偵測與診斷系統，技轉國內生技產業，並因此獲得企業組「國家新創獎」。

歷史悠久的化工系，同樣大步邁向跨領域。化工系教授陳誠亮表示，化學工程的基本學理是各應用科學的基礎，所以化工除了與傳統製造業密切相關，也與生物、高分子、材料、醫學、半導體、電子科技、汙染防治等科技相關，近年還因應時代變遷，翻新選修科目，希望培養更多元化的跨領域人才。

化工系所教師的研究和教學主軸更是豐富多元，涵蓋生技、製藥、半導體、汙染防治、光電和新能源等題材，尤其「年輕一輩老師的研究量能豐沛，與產業界的合作也多，帶動了教學品質，培育出很多畢業生進入不同產業發光發亮，」陳誠亮欣慰地說。

串連醫學和工程間的斷點

醫工系是臺大工學院近年另一個新成立的系所，便十分彰顯近年來跨領域教育的重要。

1993年，臺大工學院設立「醫工學程小組」，為國內最早投入生醫工程的研究機構之一；後來，醫學院也在1990年設立「醫學工程研究中心」，並投入相關研究。

有鑑於生醫工程領域蓬勃發展，亟需相關研究人才，因此，工學院與醫學院在1998年成立醫工所，隔年起招收碩士班，2001年招收博士班，歷經10多年的發展，考量應進一步建構完整的醫學工程教育，2018年再成立醫工系，開始招收第一屆大學部學生。

綜觀醫工系的研究與教學，結合了醫學和工程，以生物醫學問題為導向，涵蓋分子、基因、細胞，乃至於組織等生物醫學範疇，又融合材料、力學、電子、資訊等工程領域，培育學生兼具生物、醫學及工程知識，以及跨領域整合的能力。

而在課程規劃上，醫工系特別推動跨域學習，以橋接醫學工程學生於臨床應用為目標、強化醫療科技創新前後兩端工作為策略，讓學生到第一線了解醫療人員的臨床需求，並結合學生和相關研究人員組成團隊，討論如何解決那些臨床問題，同時開設臨床醫學專題研究課程，以師徒制的方式鼓勵學生研發解決方案。

這種醫工跨領域探索，對學生其實並不容易。因此，醫工系教授趙本秀、副教授施博仁，特別用心設計一系列「學生關懷系列講座」，透過邀請基礎、臨床、產業界的跨領域講者，讓同學體驗如何越過跨領域合作的高牆。此外，因應時代變化，該系列課程也鼓勵學生使用ChatGPT等AI工具，尋找、驗證醫學資料，透過實例探討臨床需求，練就醫學與工程跨領域的團隊溝通與合作技能，讓學生面對跨領域探索挑戰時更從容不迫。

甚至，不少醫學系學生最頭痛的解剖學課程，在醫工系也因為串起醫學和工程斷點而變得有趣。因此，走進臺大永齡生醫工程館內的醫工跨領域VR教室，可以看見這樣的場景：

兼具醫學、物理背景的醫學工程學研究所副教授梁祥光，透過VR解剖模型，以淺顯易懂的語言，教導工程領域學生認識解剖、生理、病理，並實際體驗解剖模型，了解臨床疾病與

永齡生醫工程館內設有醫工跨領域VR教室，透過實例探討以科學方式解讀。

處置。

負責教授醫工系必修的解剖學，梁祥光認為是一大挑戰。對他而言，解剖學是就讀醫學系時最頭痛的科目。因此，他在教學時不僅講解身體結構，也介紹相關疾病，但前幾年只能用平面圖譜教學，學生依然覺得壓力很大，難以理解課程內容。幸好，在當時的系主任呂東武支持下，與產業合作，導入VR解剖模型，使學生得以在身歷其境的氛圍下，完整認識身體解剖構造。

而透過開設這門課，梁祥光也看見醫學、生命科學與工程整合的重要性。

大學就讀臺大物理系的他，大二時母親不幸確診乳癌，原以為母親很快就會康復，無奈1年半後病況惡化過世，讓他決定在退伍後踏入補習班準備重考，並順利考上臺大醫學系。但，入學後，才是挑戰的開始。

「起初我用讀物理的方式念醫學，結果屢屢碰壁，」他解釋：「物理可用一套理論或公式，調整參數或條件，解釋各種現象，但醫學必須先觀察、了解不同情況，記住很多知識，才能從中歸納原則應對各種疾病。」

好不容易抓到念醫學的訣竅，取得臺大醫科學位，梁祥光又開始思考：既然醫學和物理如此不同，是否有辦法把它們整合起來？正是這個起心動念，讓他報考臺大醫工博士班，致力連起工程和醫學間的斷點。

2015年，臺大醫院癌醫分院如火如荼籌備興建，而梁祥光也得到機會，和同樣具有跨醫學、工程背景的臺大醫療器材與醫學影像研究所教授曾文毅，一起赴日本筑波大學質子治療中心參訪。

看見一系列先進癌症放射治療設備，兩人一致認為，這種新型態的癌症治療中心，不只需要先進設備，還要有完整的臨床、醫學物理團隊，才能順利運作；後來，在曾文毅的鼓勵下，梁祥光赴筑波大學質子治療中心研究進修3年，並和美國、日本、東南亞知名質子治療中心建立連結，討論如何確保質子治療計畫的安全與品質。

返台後，梁祥光也先後擔任臺大癌醫放射腫瘤部、質子治療科主任，並帶領團隊建立台灣第一家公立醫院質子治療中心，順利讓臺大癌醫質子中心完成第一階段的病人治療。這正反映串連醫學和工程間斷點的重要與迫切性。

培育全方位問題解決者

翻開歷史，臺大醫工系的設立，象徵工學教育正式走入醫學、生命科學與工程整合的新時代，讓機械、材料、電子、資訊等系所能以臨床需求為題目，協同開發醫療器材、AI診療，形成多面向相互交流的創新場域。

梁祥光也提到，「臺大醫工系是全台第一個同時隸屬於醫學院、工學院的科系，在行政上由兩邊共同管理，因此，在課程設計上，也必須以醫學為經，工程為緯。」

這種橫跨醫學、工程的特色，也成為難治癌症的曙光。梁祥光目前正在從事「惡性膠質瘤」研究，他以茶碗蒸比喻，如果腦殼是碗，腦組織像是蒸蛋，腫瘤則像蒸蛋裡的蝦子。對神經外科醫師而言，這段過程就如同開刀時必須小心翼翼把蝦子從蛋裡拿出來，而且絕對不能破壞蒸蛋。

但惡性膠質瘤通常具侵犯性與浸潤性，像樹根一樣深入腦組織。手術卻無法像其他癌症一樣，把腫瘤與周邊組織整塊切除，只能像挖礦一樣，把腫瘤從腦分離後取出，因此還是會有些殘留的腫瘤散布在腦部其他地方，必須協同放射治療與化學治療。

即便如此，腫瘤仍可能復發，或沿著神經纖維擴散，約有一半患者在1年內復發，5年後存活率更只剩不到10%。

臨床上雖把「藥片」直接放在開完刀的腦內，讓藥物直接作用在癌細胞，但是，藥效維持時間不夠長，而且難以跟腦組織貼合。

於是，梁祥光和醫工系特聘教授林峯輝的材料團隊跨域合作，用水膠和碳酸鈣分別搭載抗癌藥卡鉑（Carboplatin），讓藥物與腦組織更貼合、藥效延長，並增強放射治療效果，研究成果二度登上國際期刊《生物材料》（*Biomaterials*）。但他坦言，人類大腦比實驗用的老鼠腦部更複雜，因此梁祥光與林峯輝的跨領域團隊依然持續進行後續研究，希望未來能應用於臨床治療，為惡性膠質瘤病患帶來曙光。

在醫工系系主任林頌然推動下，臺大醫工系與臺大醫療體系合作建立「輻射科學、神經科學研究網絡」，整合臨床治療、影像AI、生物結構、醫學物理等最新跨領域知識，以延攬更多具有醫學、工程跨領域專長的優秀學者，再加上臺大醫院、臺大癌醫、動物醫院等處距離不遠，20分鐘內即可輕鬆往返，未來臺大醫工系可望成為亞洲輻射科學重鎮之一。

從基礎物理、材料科學，到臨床需求、AI診斷與放射治療，臺大醫工系曾經歷的每一項挑戰，都在這裡激盪出解方。

而藉由與臺大醫院、臺大癌醫等臨床場域密切合作，加上來自臺大工學院與醫學院的雙軌資源，學生不再只是單一領域的專才，而是能與醫師、工程師、設計師對話的全方位問題解決者，未來更可望持續引領亞洲醫療科技走向更高峰，讓跨領域技能真正落地、發光。

樹立台灣科技工業重要支柱

工業領域中，高分子科技的應用範圍極廣，涵蓋傳統的塑膠、合成樹脂產業，以及高科技的電子、光電、通訊等產業需要的原材料及元件，可說是台灣科技與工業的重要支柱，臺大各系所很早即展開高分子科學研究，包括：化工系、材料系、化學系、機械系、應力所、工科系、物理系、牙醫系及凝態中心，都投入大量人力、經費從事教學研究。

著眼於未來科技發展趨勢與產業需求，臺大1994年起著手籌設高分子科學與工程學研究所，之後經工學院多年努力，2002年終於獲得教育部同意成立研究所。

隔年起，高分子所開始招收碩士與博士班，是專注於高分子開發與研究領域的全國領先學術單位，也是全國最早在高分子專業領域設置的研究所，教學及研究發展主要致力於高分子合成、高分子物理、微結構與特性分析及精密高分子，由謝國煌擔任首任所長。

同時期，已有20多年歷史的材料所，也新成立「材料科學與工程學系」。材料所名譽教授王文雄表示，相較於其他大

台灣朝向尖端技術與創新轉型之際，臺大工學院爭取研究計畫與經費，回應政府與產業的期待。

學，臺大的材料系成立雖較晚，但2001年大學入學考試放榜，首度招生的臺大材料系錄取分數還是超過其他大學，此後始終維持第一，「而且，有了材料系之後，材料所可優先招收到本系優秀的畢業生，培育出更多一流人才。」

「材料科學是一門跨領域的學問，」王文雄指出，材料系所近年全力發展完整的研究領域，包括：金屬、陶瓷、高分子、電子、能源、生醫、理論模擬與製程，尤其結合高科技產業，師生投入電子材料相關研究，在封裝、晶圓等領域都有突破性的研究，全系所2024年發表的SCI論文就有174篇。

21世紀，是臺大工學院在教學與研究均大步邁進的年代，尤其跨領域的步伐愈走愈快。應力所便是其中一個例子。

持續轉型，加速腳步

應力所自1984年開始招生，此後10年不斷轉型升級，到了1994年，研究和教學範疇已涵蓋力學、奈米、生物力學、生醫、能源、資訊及機電系統，所內整合許多不同領域的研究群，研究生的碩、博士論文大多聚焦跨領域、系統整合的研究。

不僅如此，應力所教師更常結合其他系所教師專長，以聯合授課的方式開設跨領域課程，包括：微奈米機電系統、微光機電系統製程、設計醫用流體力學等，將研究成果融入教學。

「近年應力所的研究以波動與微機電系統、生醫與能源系統、跨尺度力學系統做為三大主軸，都有很不錯的成果，」應力所教授吳光鐘談到，像是與國家實驗研究院動物中心（現更名為生物模式中心）研究團隊合作的「雷射誘導血栓形成晶片整合系統」，就獲得2025年全球消費性電子展（CES 2025）的「創新獎」（CES Innovation Awards）。

有鑑於全球環境問題複雜化，環工所也有了新的教學、研究方向，此時的目標，是鎖定培育環境科技研發與環境規劃管理所需專業人才。

同時整合科學與技術，研發環境改善的對策，降低科技發展帶來的環境惡化負面效應，包括：水質控制、空氣品質管理、廢棄物管理、環境規劃與管理、環境保育、資源與能源管理、環境品質監測與評估及永續發展等課題。

環工所對循環經濟與再生能源的投入更不遺餘力，2013年成立「碳循環永續技術與評估研究中心」，近年轉型為「水科技與低碳永續創新研發中心」，發展落實我國在水資源、再生能源科技、低碳、永續等方面的理論與實務經驗。

建城所則是持續著成立以來一路堅持的「參與式規劃設計」，碩士班教學目標是培育出整合空間相關專業、提供專業服務的通才，對博士班學生，則要求具備獨立自主的研究能力與承擔專業教學的任務。

在教學面，建城所啟動了跨國、跨校、跨學門、跨地域的教研合作及交流，並提供國際實習的專業課程，培養學生操作與開展空間規劃與設計的越界能力。

在研究面，著重綠色與正義轉型、綠建築及永續技術、淨零國土政策、住宅與可居城市研究、都市聚落與地景研究、地方發展與區域政策、社區規劃與設計、都市保育與都市設計、自然與文化治理、區域經濟及產業地理等議題。

這一切，如同建城所所長康旻杰所說：「建城所的學生來源強調跨領域，有一半的學生來自於規劃設計專業以外的領域，從外文、哲學、法律、歷史、社會到醫學、藝術、土木工程、地理系所等，不僅讓學生們十分習慣跨學門的溝通、合作，也讓教學歷程經常激盪出不一樣的火花。」

開啟工學教育國際認證先河

全球化的時代來臨，高等教育國際化反映出教育的品質、視野與高度，各大學全力加速邁向國際，跨國的廣度和深度不斷加大。做為台灣高等教育與工學教育的翹楚，臺大工學院在研究與教學方面的國際交流都有著豐碩成果，更有諸多傑出表現登上國際舞台，但如何持續深化，也成為各系所面臨的挑戰。

1999年，時任臺大土木系系主任楊永斌經院內選舉為工學院院長，國際化是他接續面對的挑戰，目標則是放在推動國際認可的工程教育認證。

「我開始思考，台灣的工程教育應該要通過國際認證，」他說，認證代表國際上對教學品質的認可，可維繫各界對台灣工程領域專業人才的信心。

在教育部支持下，中華工程教育學會（IEET）於2003年成立，楊永斌和來自學界的成員們訂立縝密的認證規範，推動並執行各大學工程教育認證，IEET也成為教育部認可的專業評鑑機構，臺大工學院各系所從此積極參與，例如：土木系、機械系，2005年即通過IEET；環工所也於2008年通過。

IEET認證的特色，簡單來說，就是「核心能力、持續改進、產學互動、國際連結」，但光是教育部認可IEET並不夠，IEET還要和國際接軌。楊永斌和會員努力奔走，2007年IEET成功加入國際著名的工程教育認證平台——華盛頓協定（Washington Accord, WA）。

WA由國際間各大工程教育認證機構組成，其宗旨是會員間彼此認可通過認證學系的畢業生，皆具備進入工程專業的學歷資格。IEET加入WA，代表台灣工程教育真正與國際接軌，經過IEET認證的系所和畢業生都能受到國際認可。

「其實剛開始推動時很辛苦，很多人排斥，」楊永斌不諱言，一開始，這是件吃力不討好的事。

他回憶說，IEET認證很嚴格，為了改善設備和教學內容，工學院一個系要支出20至30萬元，部分老師的教學方式也要調整，有些系所主任初期一度反對，他花了很大力氣勸說：「這是為了學生的未來、校友的未來。」而且阻力還不只來自台灣內部，想要加入WA還必須不斷遊說歐、美、日、韓等會員國支持台灣加入，阻力很大。

有幾次楊永斌因為挫折幾乎想放棄，但他的前輩、工學院前院長汪群從不斷鼓勵他：「不要急，再撐一下。」這句話，總能給他重新前進的力量。

如今IEET認證在臺大工學院已是各系所必經的考驗，20

多年來一次次通過嚴格檢視，取得認證，成為教學的品保機制，讓各系所與國際接軌更順暢，強化畢業生的國際行動力。

成為世界一流的工學院，是臺大工學院的願景，因此，一方面積極增進教學品質，培養優秀工程師與工程研究人員，配合國家建設與科技發展的需求；另一方面，也戮力發展工程專業領域的研究，加強與外界合作，提升研究質量。

加強推動雙邊合作

針對國際評比排名，提供系所應對策略與獎助；擴大與國際頂尖大學工學院的交流合作，深化推動雙邊合作計畫、雙聯學位、國際合授課程、擴增全英文課程、國際生人數等，處處可見臺大工學院嘗試提升國際學術地位的努力。

果然，在國內外的各大學術評比中，臺大工學院許多系所都已位居國內學術界的領先地位，達到國際一流水準。

英國高等教育調查機構QS（Quacquarelli Symonds）世界大學排名，臺大工學院總有出色成績。以2025年世界大學排名來說，臺大在工程領域排名第八十二名，是全台排名最佳的大學。

同年，泰晤士高等教育（Times Higher Education, THE）公布的世界大學領域排名中，臺大在工程領域也排名第九十五，躋身全球百大。

若再細分學科領域，QS公布的2025年世界大學學科領域

工學院發表多項 SCI/SSCI 期刊論文與專利

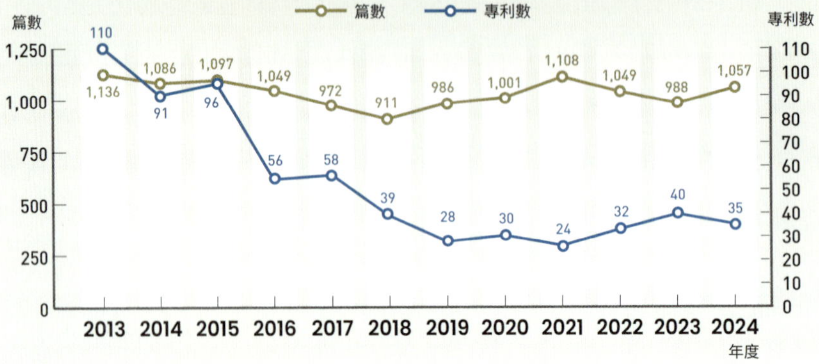

資料來源：臺大工學院

臺大工學院平均每年發表千篇左右的論文，平均每月取得2.6個專利。

排名顯示，臺大共有5個與工學院工程相關的領域都是台灣最優，例如：土木領域排名位居世界第五十一至一百名、材料領域第七十九名、機械領域第七十五名、化工領域第五十八名、環工領域第九十三名，都有不錯的成績。

年年發表上千篇SCI／SSCI期刊論文

臺大的研究能量一向在台灣高等教育界領先各校，為持續確保學術研究成果的領先水準，工學院訂有論文發表獎勵辦法，同時針對新進教師給予初始研究經費補助，協助盡早啟動研究能量。

近10年來，工學院發表SCI／SSCI期刊論文數穩定成長，近年都在千篇以上。

打開工學院簡介便可看見，以2024年為例，總計發表1,057篇，平均每位教師發表4篇；除了論文數量大幅成長，近年各系所發表期刊的平均影響指數也有明顯進步，顯示論文的質與量都大幅提升。

師資水準提高了，對於教育的企圖心也更大了，臺大工學院開始積極促進教學國際化，提升師生國際接軌機會。

根據工學院統計，近年來，就讀院內學位課程的國際學生人數和參與國際交換計畫的學生人數，皆逐年上升；而目前全院開設的英語授課學程，已近250門，在臺大校內名列前茅；其中，土木系更領先全校，在108學年度成立大學部首個全英語國際專班，躍居成臺大第一個成功推動全英語授課的大學部系所。

不僅如此，111學年度，工學院更獲教育部核准設立「智慧工程科技全英語學士學位學程」，自112學年度起招收新生，目標為招攬優秀國際學生，培育具國際視野與跨領域能力之工程人才。

此外，工學院積極推動國際雙聯學位與交換學生計畫，至2025年，包含近期簽署的德國斯圖加特大學、越南河內科學與技術大學雙聯學位協議，已與來自8個國家的15所大學簽署19項雙聯學位合約。

在交換學生方面，工學院與來自18個國家的50所大學簽署58項交換生合約，合作國家包括：美國、加拿大、德國、法國、荷蘭、比利時、澳洲、香港、中國大陸、韓國、泰國、印尼、新加坡及馬來西亞等，每年皆與合作學校互相推薦學生參與交換，深化國際學術交流。

開設國際學程，吸引各國菁英學生

工學院同時張開雙臂，為各國高等人才開設國際博士學程。譬如，與中研院國際研究生學程（Taiwan International Graduate Program, TIGP）合作，成立「永續化學科技國際研究生博士學位學程」，於2021年開始招生。這一學程從化學科學出發，對再生能源、環境保護、醫藥開發等與人類環境永續生存發展相關議題，提出具有前瞻性的主題，並結合跨領域的研究，儲備博士級人才，提升國際競爭力；學程發展方向，則包括：能源材料、綠色化學、環境化學、生命化學等四大主題，更重視理論與應用的結合。

此外，工學院還與中研院合作設立「分子科學與技術國際研究生博士學位學程」，2018年開始招收第一屆國際博士研究生。這個學程開設的目的，是要招收國際博士研究生從事未來重要的科學與技術研究，特別是在能源、奈米、生醫及環境永續等議題上，結合國際化與跨領域，藉由基礎科學到新材料的開發應用，進行深入研究。

國際大學評比的亮眼成績，以及SCI期刊論文數的卓越成果，引來國際學術界高度重視臺大工學院，許多重要的工程學術研討活動或組織，不但有著臺大工學院的身影，很多時候甚至扮演著重量級角色。

積極參與國際活動

2007年，臺大工學院與亞洲、大洋洲13所頂尖大學工學院簽署成立「亞洲大洋洲頂尖大學工學院聯盟」（AOTULE），並主辦第四屆（2009年）與第十七屆（2022年）大會。

2016年，臺大工學院與5所大學工學院成立「亞洲頂尖工學院院長論壇」（Asian Deans' Forum, ADF），加強重點姊妹校的合作計畫。這個論壇是由臺大與香港科技大學、新加坡國立大學、首爾大學、北京清華大學及東京大學共同創立，之後又有澳洲新南威爾斯大學加入，成立宗旨是希望藉此建立亞洲頂尖工程學院間的長期合作平台，透過院長級對話、策略分享與跨校協作，推動工程教育革新、研究能量整合，以及人才培育的國際合作。

2019年時，臺大工學院又主辦了「第九屆亞洲工學院院長高峰論壇」(AEDS 2019),這也是該論壇首度在台舉行,大幅提升了台灣在亞洲大學教育及學術影響力。

今(2025)年,則是臺大工學院在時隔6年之後,再次舉辦「第十二屆亞洲工學院院長高峰論壇」。此次係與電機資訊學院共同辦理,共有來自7個國家的頂尖工程學院、超過20位院長與高階學術領導者親臨現場,並邀請12所台灣的大學及機構代表與會,聚焦討論工程教育的發展趨勢、創新生態系統的建構,以及跨國學術合作的多元可能,展現亞太區域在工程領域的蓬勃能量。

隨著工學院各系所在各自專業領域上,國際化的步履愈跨愈穩,開始為自己贏來更多國際一流大學的肯定與合作機會。

2017年,臺大與日本東京大學在臺大校園合辦「跨領域NTU-UTokyo Joint Conference」,這是東大創校百餘年來,首次率師生在亞洲舉辦重點姊妹校跨領域會議。各領域學術交流活動中,材料系以「Innovation on Emergent Materials」為主題,讓東大材料系與臺大材料系長年的友好關係更加穩固,東大材料系並將臺大材料系列為全球7大頂尖系所聯盟之一。

臺大工學院最「年輕」的高分子研究所,國際化速度也不落人後。經多次努力會談後,2016年以系所名義與日本北海道大學綜合化學院、德國漢堡大學分別簽訂博士班雙聯學位合約,吸引多位博士班學生就讀國際雙聯學位,在2021年誕生第

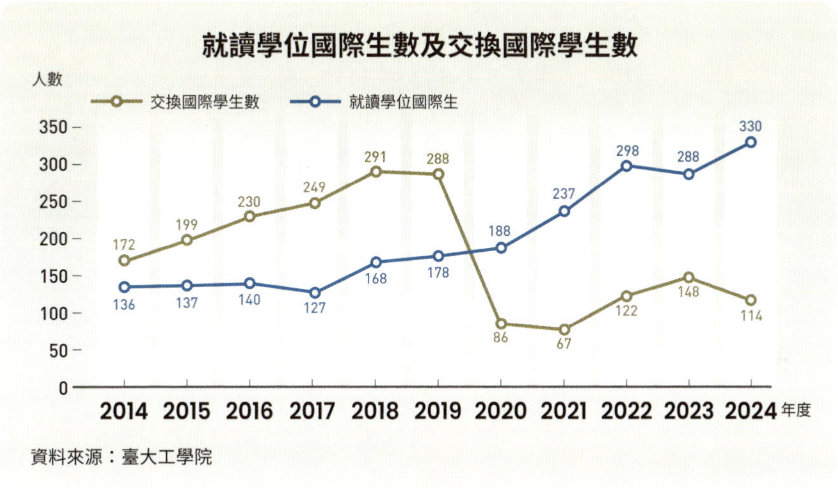

2019年至2022年間，受新冠肺炎疫情影響，交換國際學生數下滑，但隨著後疫情時代到來，重新恢復增長。

一屆日本北海道大學雙聯學位博士；此外，高分子所也與中國大陸浙江大學及復旦大學簽訂交換生合約，未來將持續推動國際雙聯學位，加強與國外大學院校的交流。

建城所則是將國際化直接融入教學內涵，近年推動的「跨域創作工作空間」教學模式，不但跨領域，更引領學生跨境學習。例如，2016年進行「臺大—川大—北大聯合設計基地」計畫，以北京大學、四川大學、臺灣大學3校設計系所師生為主，建立實際操作場域的設計基地，透過社會設計的方法，進

機械工程實務課程，讓學生以團隊方式將所學的專業知識應用於創新實作。

入中國大陸鄉村，操作鄉鎮型區域的活化。

從國際論壇、跨境教學、雙聯學位到英語教學，臺大工學院的老師們談起國際化，總有數不完的成果。

化工系教授陳誠亮便直言：「做為臺大工學院的老師，我可以很驕傲地說，我們的國際化愈做愈好。」確實，化工系教授們積極參與國際研討會，經由國際交流激盪出更多的研究火花，對教學資源也有很大幫助，更能進一步提升台灣的學術實力。他強調，因為常參與國際交流，讓他深深體會臺大的研究實力站上國際「絕對不輸人」。

鎖定最迫切的需求，實踐社會責任

教學與研究是大學的核心目標，但大學從來不是只知埋首學術的象牙塔，而是運用專業力量，實踐社會責任的重要角色。尤其，進入21世紀後，台灣面臨前所未有的巨大挑戰，公共建設、經濟發展、社會文化都需要學界的力量奧援，臺大工學院各系所在不同領域都有著卓越貢獻。

典型的例子之一，是永續，這也是現今全球人類關心的議題。我國政府提出溫室氣體排放量逐年降低的減碳政策，以2050年淨零碳排為最終目標，同步推動12項關鍵戰略，而為配合政府能源轉型，協助關鍵產業發展，工學院多個系所早已全力投入永續或再生能源的相關研究，並強化教學內容。

其中，工科海洋系轉型以來，已將新能源列為重點發展目標。配合台灣能源轉型的發展遠景，工學院院長、工科海洋系教授江茂雄認為，大學應負起培育未來高階產業人才的責任，因此，2019年在工科海洋系開設「離岸風力發電學分學程」，打下未來人才培育的基石。

離岸風電學程的主要課程由工科海洋系開設，應力所、機械系、土木系、電機系、環工所、工工所等系所也開授相關課程。而在工學院的積極推動下，陸續與丹麥、德國、荷蘭、英國、美國、日本等重要離岸風電產、學、研單位合作交流，安排學生實地參訪，了解離岸風電產業鏈生產及風場建置相關過程，並與荷蘭簽訂離岸風電人才培育合作計畫，2022年完成首批國際種子師資結訓。

其實，多年前工學院已注意到，「永續」將是未來工業發展的關鍵領域，例如：2013年向教育部申請成立「綠色永續材料與精密元件博士學位學程」，2015年通過，2016年8月正式成立，成為台灣第一個產學菁英博士學位學程。

此外，2022年教育部核准設立「智慧工程科技全英語學士學位學程」，並在2023年迎來首屆國際學士生。該學程以台灣在工程科技領域的基礎為核心，課程內容橫跨結構與基礎工程、半導體機電、工業工程與環境永續等領域，結合人工智慧思維與社會責任導向，目標則是要培養具備跨領域能力與國際競爭力的工程專業人才。

這是以全英語授課為主軸設計的課程，並且著重呼應當代工程發展趨勢與社會需求，規劃模組化專業領域，包括：結構與基礎工程、智慧人居、半導體機電工程實務，以及環境永續工程與智慧決策，涵蓋工程學門中關鍵的知識架構與應用能力，希望讓畢業生無論選擇繼續深造或直接投入職場，都能具備高度國際移動力與跨產業的適應能力，為未來工程實踐注入全球視野與創新思維。

打造低碳永續實力

21世紀另一個重要話題，是「永續」。確實，以培育環境科技研發與環境規劃管理人才為宗旨的臺大環工所，不但投入校內的教學研究，也積極踏出校園，與工業界、政府機關及其他組織合作，提供各類環境問題的諮詢與解決方案。

事實上，早在20年前，環工所就已經注意到這個問題。

2013年，環工所名譽教授蔣本基創立「碳循環永續技術與評估研究中心」，結合產官學界，針對可再生能源科技、永續物質管理、落實永續城市與低碳家園、碳封存與再利用技術、綠色科技發展與清潔生產機制等，建構合作平台。

無奈，環境問題持續惡化。

2018年，聯合國水資源組織（UN-Water）公布「世界水資源開發報告」（World Water Development Report, WWDR）指出，由於氣候變遷、用水量增加，到2050年時，全球將有50億人口遭受缺水之苦。

顯然，水科技的開發與水科技創新研發人才的培育，已日趨重要。有鑑於此，環工所教授駱尚廉與土木系、化工系合作，2020年再將碳循環中心轉型為「水科技與低碳永續創新研發中心」，納入水資源科技研究領域，以因應全球氣候變遷，聚焦對環境永續研究的應對策略及需求。

倘若瀏覽水科技與低碳永續創新研發中心網站，不難發現，現階段該中心以「水科技關鍵技術」、「低碳與碳捕獲技術」與「能資源永續規劃與管理」為重點，著眼於落實我國在水資源、低碳、永續等方面的理論與實務經驗，並以提升我國水科技發展水準與低碳永續創新為宗旨，把目標放在鏈結本地廠商，同時也計劃攜手國際夥伴，內外並濟以求相輔相成。此外，中心並結合各獨立學科，成為跨領域的科技研究與教育平台，透過團隊合作，整合不同學科的知識、技術與人才，為台灣打造前瞻性的水科技與低碳永續實力。

工學院師生對於與產業發展密切關聯的應用性研究，投入很深，也有不錯成果。2020年至2024年，5年間的平均每年技術開發成果，包括：國內外專利32件、技術移轉58件，平均技轉金額達2,716萬元。

鏈結產業，創新能源應用

其中，2000年成立的新能源中心，全力發展新興再生能源科技，諸如先進冷凍空調技術、小型分散式發電系統、LED照明等能源利用新技術，都是重要發展方向。

新能源中心設立於機械系內，研究人員來自工學院、電機學院與其他大學，採任務編組而成，機械系教授黃秉鈞擔任主持人，經營特色是強調學術與產業的結合，研發內容以產品系統整合為主，配合產品導向式研發，將學術與產業結合，同時強調以創新產品來突破太陽能推廣瓶頸，對國內能源產業做出貢獻。

隨著新能源產業發展日漸蓬勃的腳步，新能源中心的「前

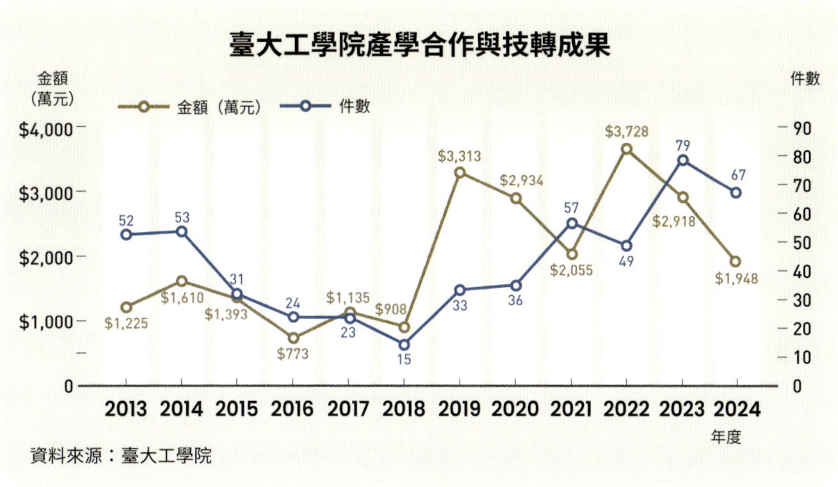

臺大工學院將「知識力」轉化為「生產力」，持續找尋產學合作與技轉機會。

瞻性太陽能應用技術研發」，就是以學術結合產業的模式進行，包括：新型太陽能熱水器（模組式熱水器、中溫集熱器）、獨立型太陽光發電技術（移動式冰箱與高亮度LED照明），以及太陽能製冷供熱技術等，目前已陸續完成技轉，未來將有更多與產業界的合作。

機械系另一個特色研究中心——先進動力研發中心，則致力投入新能源與交通載具的結合。

該中心原是機械系教授鄭榮和帶領的學生研發團隊，曾產出太陽能車、電動車、智慧個人電動車、燃料電池機車及輕航機等成果，培育出許多專業人才。2013年在國科會支持下成立先進動力研發中心，主要目標為研發車輛電氣化與智慧化的高功率馬達與驅動器動力系統，以及自駕車相關基礎技術與測試驗證能量。

10年來，先進動力研發中心與產業界密切合作，已成功開發高功率馬達、驅動器，以及自駕車線控系統的MiL（模型迴路）、CiL（攝影機迴路）與HiL（硬體迴路）測試平台，還開發完成1輛符合台灣法規要求的電動貨卡，以及1輛具有線控化驅動、煞車、轉向的共用底盤，可用於自駕及部分控制策略的測試與驗證，為台灣車輛電氣化、智慧化發展與進軍國際市場，樹立了非常重要的里程碑。

國家關鍵計畫的重要舵手

為促成能源安全、經濟發展與環境永續的均衡發展，國科會整合研發資源，根據行政院《永續能源政策綱領》，於2009年推出跨部會合作的「能源國家型科技計畫」，篩選國家能源科技的重要研發領域，針對台灣的能源科技政策提出具未來性、前瞻性的研究計畫。

這項重量級的國家計畫共分三期程，目標是要開發台灣自產能源、減少溫室氣體排放、運用科技達成節約能源，以及推動創立能源產業。

第一期程於2009年至2013年，第二與第三期程分別自2014年與2019年展開。事實上，為整合能源相關議題研究人才和資源、提升研究層次與效能，臺大早在2008年便通過設立能源研究中心，而浮動式離岸風力發電研究便是重要成果之一，目前由工學院院長江茂雄擔任中心主任。

此外，除了永續領域，臺大工學院的教授還在許多大型科技或能源領域，為國家的大型計畫當起總舵手，帶著頂尖研究人才一起為台灣的經濟、科技、能源與永續貢獻力量，例如：吳光鐘曾是國家實驗研究院院長，楊鏡堂曾任行政院節能與減碳辦公室執行長，李世光則擔任過經濟部部長、資策會董事長與工研院董事長等職務。

值得一提的是，身在協助國家永續政策的隊伍中，應力所從未忽略40年前成立時的核心能力——國防科技。2019年，國防部與科技部為培養國防科技人才，在台灣7所大學成立學研中心，協助推動自主國防關鍵技術研發，吳光鐘正是整個計畫的召集人。「臺大人不會只關在研究室裡做研究，不論哪一個領域，我們都應該要為國家做更多事，」吳光鐘強調，學術研究的意義是要對國家乃至全人類有所用，臺大頂著學術與教育的光環，享有來自國家或產業界的很多資源，肩負著國家社會對臺大的期待，臺大人自然要扛起責任，全力奉獻。

在臺大工學院，工工所重視產業管理與整合的教學研究領域，如何協助產業最佳化，是所內發展的核心。2011年，針對我國產業的前瞻性需求，工工所結合臺大在工程、生醫、經濟、法律與管理等領域的優勢資源，成立「跨領域整合與創新高階主管碩士在職專班」，注重創新研發流程、產業系統整合、製造服務及全球運籌的研究。

開設跨領域在職專班，培養高階人力

「跨領域和創新都很重要，但兩者一定要整合，」陳正剛說，就像蘋果公司的iPhone手機，每一項技術都是早已成熟的技術，但蘋果透過整合做出iPhone，揉合「跨領域」和「創新」變成新產品，帶動新風潮，到現在改變整個人類，成為跨領域創新整合的最佳示範。

所以，「跨領域整合創新高階主管碩士在職專班還有另一個重要意義，是與產業界結合，」他補充強調，台灣產業對於工業工程管理人才的迫切需求，需要更高階的學識與訓練，工工所責無旁貸。

在這樣的理念下，一方面在2010年成立博士班培育高階人才，另一方面經由在職專班，為不同產業高階主管提供跨領域整合研發、科技趨勢與產業創新，以及全球化物流系統、供應鏈系統、服務系統、決策管理系統的最佳化規劃與運籌的訓練。

13年來，這個在職專班吸引產業菁英加入，學員橫跨醫療、金融、科技、紡織、媒體、電商、文創與生技等產業，工作年資從6年到20年不等，許多學員擁有EMBA碩士學位及管理、工程博士學位，但仍在跨領域整合與創新專班裡，經由課程傳授的內容和同學間的討論，學習並借鏡不同產業專業深入的智識與策略。

把AI帶進工程應用

隨著科技發展，台灣的工程界，也處處可見臺大工學院的身影，甚至結合了最新的人工智慧技術，協助土木產業。

土木系為提升研究水準並加強與工程實務界的關係，多年來與許多研究單位都有密切的合作計畫，包括：國震中心、國家高速網路與計算中心、國家災害防救科技中心、台灣營建研究院、臺大地震工程研究中心、水工試驗所、慶齡工業研究中心、台灣颱風洪水研究中心等，師生們與各單位相互合作，一同為國家建設努力。

例如，2018年7月，國震中心與臺大土木系正式簽訂意向書，設立「國震中心與臺大土木合設AI研究中心」，由現任土木系結構工程組特聘教授黃世建、工程資訊模擬與管理研究中心主任謝尚賢與電腦輔助工程組特聘教授陳俊杉共同創辦。

AI中心的願景是成為台灣第一、全球領先的卓越研究中心，透過與土木相關產業的積極合作，發展先進的人工智慧技

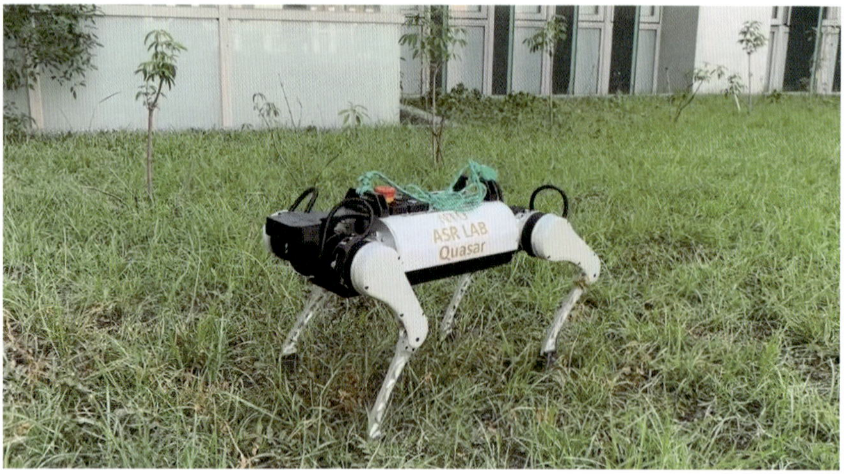

人工智慧機器狗（NTU DogBot），是由機械系教授郭重顯帶領團隊投入研發。

術，提升土木相關產業的核心競爭力，團隊成員的研究領域涵蓋結構、交通、水利、空間資訊、材料、生醫等，近年更把人工智慧導入工程範疇，運用強大的運算技術，將工程帶向智慧化領域，同時成立「人工智慧在工程應用」跨領域博士班，培育人工智慧時代所需的專業人才。

啟動AI賦能智慧製造

人工智慧浪潮席捲世界，因應工業發展及機械智慧的演進，臺大工學院多年前便已抓住趨勢，像是在2018年整合製造自動化研究中心、機械系先進動力實驗室，並邀集多個系所，凝聚為更緊密的研究能量，改組成立「臺大工學院智能機械研究中心」，鎖定智能機械與工業4.0相關技術為主軸，下設電腦整合製造研究室、機電整合研究室、電腦輔助設計與製造研究室、機器人系統研究室、生產技術研究室及精密加工研究室。

走在時代的脈動上，智能機械研究中心近年關注的主題聚焦「智慧機械製造」與「智慧能源」相關研究，其中包括：智慧能源、智慧車輛、智慧建築、智慧製造（工業4.0技術發展）、智慧工作機器人、智慧醫材，陸續有所斬獲。

例如：機械系教授郭重顯帶領研究團隊投入人工智慧機器狗（NTU DogBot）研發，目前已進展至第三代機器狗，其中整合運用了多項機電設計與人工智慧技術，屬於高度機電設計、系統動態與控制與軟體的整合研究，相當具有技術挑戰性。

機械系研發的機器狗屬於工作型機器狗，應用於工業巡檢與物品遞送，可搭載各式工業用途感測器，並結合LINE Bot即時訊息回報，希望能解決台灣工廠面臨的嚴重缺工問題。

此外，在經濟部產業技術司補助下，機械系成立旗艦研究團隊，由特聘教授覺文郁帶領，協助機械產業導入人工智慧賦能，迄今已開發多項產業應用服務，涵蓋金屬機電、民生化工製造業、整機設備、零組件設備、終端加工等領域，全力協助製造業數位轉型。

迎接人工智慧的時代，是臺大工學院的全新任務，但誠如曾經走過的80年歲月，不論未來還有多少挑戰，工學院師生勢將與時俱進，為國家經濟發展與產業需求，貢獻最大力量。

文／邵冰如

追求卓越 80 年

與世界對話的力量

在快速變動的全球社會中，
工學的研究與教育發展不僅深耕本土，
也在與世界的交流中，
不斷汲取經驗、拓展視野，
期待能在更廣闊的舞台上發光發熱。

陸志鴻院長
推動台灣工業教育的先行者

在一切從零開始的年代，一位以教育為職志的學者，
在教師缺乏、校園殘破的環境中，
仍努力為台灣工業教育建立基礎，同時開啟材料科學研究先河。
他，是臺大工學院創院院長陸志鴻。

追溯時光，回到1980年代。晨曦灑落，四層樓的建築，外牆是明亮的白，伴隨著門口處灰色的階梯。這是一幢樸實沉穩的建築，也是一座學術的殿堂，更是一部鐫刻著台灣工業教育發展史的書冊。

這裡，是志鴻館，落成於1980年3月，自1981年啟用至2018年4月拆除，是臺大第一座以人名命名的館舍，不僅承載著知識，更是台灣工業起飛的基石。翻開臺大工學院歷史，堪稱工學教育先驅者，而為往後80年發展打下深厚根基的，就是首任院長、臺大第二任校長陸志鴻。

傳承台灣工業教育

1897年出生於浙江省嘉興縣的陸志鴻，自小就有志於實用科學，1914年進入日本第一高等學校，因為成績優異，得以免試進入東京帝國大學（現為東京大學）工學部採礦科。由於所

志鴻館於1980年落成，最初提供機械系、土木系、材料系使用。

學與志趣相符，陸志鴻幾乎一頭栽進課業，並以第一名畢業。畢業論文《浮遊選礦》一文，探究從礦岩中篩出金與銀的工程，在當時傳誦甚廣，很快就為三井集團所聘，在旗下三池煤礦任職1年，把所學在實務中逐一驗證。

10年後，陸志鴻學成返國，先任教於南京工業專校，3年後因中央大學新設工學院，將南京工業專校併入，他也隨之改任央大土木系教授。

「當時學術界對這些新興學門尚無基礎，所幸有陸志鴻首開先河，教授工程材料、力學、金相學等課程，並籌設材料學、金相學實驗室，才讓相關知識得以開枝散葉，」陸志鴻門生、臺大材料科學與工程學系名譽教授王文雄回憶。

陸志鴻（前排中）擔任校長期間，參與了第一屆臺大法學院的畢業典禮。

抗日戰爭爆發後，陸志鴻率領校內員工把實驗室中的儀器、圖書，悉數運往重慶的中央大學臨時校舍，是當時僅存的完備實驗室，除了供大專院校師生做實驗，也用來檢測軍需、民營工業材料、產品之用。

陸志鴻授課之餘，會親自指導檢測，就算是空襲也未曾停歇，有時還到校外考察礦產、指導灰渣水泥製造，或是從鹽滷中提煉純鎂，可謂書生報國的典範。

隨著八年抗戰結束、台灣光復，1945年教育部派陸志鴻協助植物生理學家羅宗洛接收臺大，並擔任工學院第一任院長兼機械工程學系首任系主任；翌年春季，接收工作告一段落後，他就回到重慶把主持多年的材料試驗室遷回南京原校，而後又奉命在1946年8月接任臺大校長。

當時的臺大，不僅缺乏教師、圖書大量佚失，校舍也殘破不堪，可說是百廢待舉；偏偏，那是一個政府、學校手頭都不寬裕的年代，經費左支右絀，陸志鴻一面補苴罅漏，一面兼授工程材料學。

就這樣一路持續，直到校務漸上軌道，他才在1948年夏天辭去校長職務，專任機械系教授，並潛心研究，著有影響後世深遠的論文數十篇，更著述《工程力學》、《材料力學》、《材料強度學》、《建築材料學》、《金屬物理學》、《工程材料學》等書，為國內工學教育奠立扎實基底。

「他對考試舞弊零容忍，並強調學、問、思、辯後，必定要繼之以行，使臺大工學院學風走向理論與實務並重，」對於陸志鴻的治學嚴謹，王文雄至今記憶猶新。

樹立嚴謹學風

為了倡導學術，鼓勵臺大工學院同仁發表論著，1955年，工學院第五任院長鍾皎光在院務會議中決議成立《工程學刊》編輯委員會，負責辦理有關學刊事宜，委員共5人，除了院長外，由土木、機械、電機、化工各系推選教授1人擔任，而陸志鴻就代表機械系出任。

值得欽佩的是，即便教學、研究兩頭燒，也絲毫未減少陸志鴻的自我要求。

美國加州州立大學北嶺分校（California State University, Northridge）土木系教授茅聲燾，上過陸志鴻開設的工程材料學，1973年成為臺大土木系主任，之後赴美發展，他曾經這樣描述：陸志鴻頭髮略禿，有江浙口音，上課非常認真，總在下課鈴響後才慢慢結束，雖然是有名的材料專家，還擔任過臺大校長，但一點架子都沒有。

另一位陸志鴻學生、臺大材料系名譽教授黃振賢也分享他的觀察：深受日本式教育影響的陸志鴻，每日早上8點總會準時到實驗室，大家就開始一起打掃，直到清潔乾淨，才能展開一整天的工作、學習與研究。

1968年到臺大機械系服務的技工張順章則形容：陸志鴻是什麼事情一交代就要做好、絕對要有效率的人，律己甚嚴，對學生、同事也是，因而有不少學生都望之生畏。在舊機械館做單晶實驗時，他和助教、學生終日排班，輪流看顧機器數週，對研究態度極其認真執著。

推動金屬材料與混凝土研究

陸志鴻也是臺大工學院金屬材料的拓荒者之一，他和另一位專精鋼料與控制爐氣間物理化學反應的教授呂璞石聯手，推動臺大正式踏入金屬材料研究領域。

談起材料研究，陸志鴻的興趣主要在合金的研製、熱處理、機械性質，也對單晶（指內部原子規律排列在一個空間格子內的晶體）製作有濃厚興趣，還曾使用浮融帶法成功拉製單晶，在國內首度試製純度高達99.999999999％（11N）的半導體材料鍺，而這種做法也是現在重要的半導體製程之一。

不只是金屬材料，陸志鴻對混凝土也頗有研究，堪稱奠定台灣道路基礎工程的舵手之一。他位在台北市青田街的住家，庭園內還有一個個混凝土試體。

「當年父親率領工程人員奠立台灣各地道路工程基礎，混凝土試體就是材料力學用來測試建材抗壓程度的工具，在學校實驗堆放不下的部分，他就帶回家中庭園廢物利用，」臺大外國語文學系前主任陸震來，分享了父親陸志鴻的小故事，愛好園藝的他，也曾把混凝土試體墊在花盆底下，「相當實用！」

此外，陸志鴻因曾主持中國大陸中央大學材料試驗室，台灣光復後又創立了臺大工學院材料試驗室，並接受工業界委託。

「陸教授的試驗流程和報告均一絲不苟，深獲工業界信賴，」王文雄記得，當時的委託者可謂絡繹於途，曾幫助試驗工作的他，到現在都還記得，早期臺大研究經費不足，所幸陸志鴻的材料試驗室得以透過檢測服務，獲得經費維持運作，讓許多教授能投入教學與研究，進而又藉此幫工業界解決問題，儼然是今日建教合作，「業界出題、學界解題」模式的濫觴。

但，陸志鴻自己的生活卻難稱優渥。

在艱苦的1940年代至1950年代，陸志鴻要養活自己的7個子女，外加2個表侄，再加上前來借宿的親戚，光靠教職薪水實在難以維持收支平衡。因此，有段不短的歲月，陸家把院子一半劃為養雞園，鼎盛時期甚至養了逾10隻雞，再拿雞蛋到市場交易、貼補家用。

所幸1959年2月，國家長期發展科學委員會成立，開始補助教授進行研究，為台灣學術發展引進活水。終於，陸志鴻身上的重擔輕了一點，臺大機械工程學研究所在1966年奉准成立，分為固體力學及材料科學組、流體力學組、熱力學組3組，同年招收碩士班研究生，使機械工程研究往前推進一大步。

與此同時，陸志鴻對於材料科學的研究仍在推進中。只是，材料科學仍屬當時新興領域，教育部對這個領域的理解有限，相關支持較少，陸志鴻必須親力親為尋覓資金與人才，甚至還得在學會刊物缺稿時親自撰寫文章，才使材料科學學門得以繼續發展。

培育大量工學人才

終於，陸志鴻的努力被看見。中國礦冶工程學會在1967年特別授予「技術獎章」，表揚他戮力教學、研究逾40年，在金屬材料基本結構、力學與鑄造研究著作等身，育才無數。事實上，陸志鴻也擔任學會多屆理監事、身兼出版委員，對會員的重要論文均親自審閱、評論，從不懈怠。

1968年夏季，在陸志鴻不斷努力下，得到國內外64位學者專家響應，召開國內首次以材料為主題的近代工程技術討論會，並舉辦臺大工學院材料科學暑期班，聘請魏傳曾、葛守平、嚴家驥、趙宏器等知名海外學者來台講學。

陸志鴻（左三）參觀鑄造廠，認真聽取簡報。

同年秋季，陸志鴻又結合數位材料界先進，共同創立中國材料科學學會，並被推選為理事長；而後，在1969年3月創立《材料科學》季刊，傳播材料相關知識，初期因為資源有限、師資不足，以翻譯國外技術為主，後來隨著國內研究能量日盛，逐步發展成為以研究論文為主。

也正是在那一年，陸志鴻試製半導體鍺成功，中國機械工程學會認為該項成果甚具學術價值，決定贈予獎章，其受學術界推崇可見一斑。

志鴻館，臺大首個以人為名的建築物

陸志鴻在機械系與材料科學系領域享有極高聲望，平日生活作息極有規律，縱橫杏壇超過40年從來沒生過大病。不料，他於退休前夕腸胃不適，手術後康復沒多久，又在實驗室日以繼夜工作，不幸胃癌復發病逝，享年77歲。

回顧陸志鴻一生，在他的大力推動下，臺大工程領域學生人數在1960年代至1970年代暴增，海外歸國學者也加入教職行列，再加上機械系碩／博士班成立，舊有臺大機械工程館空間逐漸不敷使用，機械系決定興建新系館，且為了表彰陸志鴻的貢獻，臺大首度破格，以人名為建築物命名，名為「志鴻館」。

不過，即便立意深遠，資金仍是捉襟見肘，系方在1975年發起募款活動。臺大機械系教授劉霆回憶，當時系主任翁通楹是他的導師，為了催生這棟受到全系上下期待的新建築，捐出了自己的導生費，其他老師也紛紛效法。

多重壓力下的堅持

「那時老師們的月薪都很低，我在1972年擔任講師的月薪是3,200元，但每位老師都願捐出每月1,000元以上，共計12個月，」那時甫進臺大任教的王文雄感慨地說。

儘管如此，要建設志鴻館，募款所得仍只是杯水車薪；甚至，發包建造之際，碰上能源危機造成通貨膨脹，更使捐款不足的情況雪上加霜。最後，教育部與臺大校方以需要把新建校舍提供給工學院多系合用為條件，提供志鴻館剩餘補助，才得以動工興建。而動工之後，各種挑戰更是接踵而來。

志鴻館的興建過程面臨兩大難題：一是物價飆漲、經費不足，二是土木系、機械系希望建設的實驗室有相當難度，特別是土木系所需大型結構試驗室，更是這次工程中的最大挑戰。到底該如何規劃設計，才能滿足志鴻館空間使用與安全需求？

所幸，土木系、機械系中有不少教授均是工程領域的頂尖人才，對工程上的種種問題往往都能即時提供解決之道，也讓相關人員在邊做邊學的過程中，精進了土木建築的技術實力。

例如，土木系的結構試驗室，是為了做大型結構實驗而建，需要容納大型結構試體、試驗器材，空間必須高且廣，而且實驗中往往涉及對結構試體施以強大力量，試驗室本身的載重能力十分重要。

為滿足需求，結構試驗室最後把3層樓設計成透天空間，屋頂採用挑高輕鋼架、半透光玻璃纖維遮板，主要結構為強力地板和L型反力牆，另在三面體上定距離埋設可承受拉力50公噸、直徑50公釐的螺孔，並在內部配置高密度鋼筋，澆灌高強度混凝土，形成堅固的三度施力空間。

此外，結構試驗室所需承受的力量過大，地基必須夠堅固，才不致於在多次實驗後，因乘載力而壓陷地層，但志鴻館建築地點岩盤深達地表下30公尺，若要把整棟建築物基樁打到岩盤上，所需龐大費用對系方而言恐怕力有未逮。

幾經討論，最後決定把結構試驗室設計於志鴻館中庭，整體結構不與志鴻館主體相連。而在結構試驗室下方，則有比一般厚度更厚、更扎實的筏式基礎。如此將建築分離的設計，雖使結構試驗室和志鴻館主體間牆壁因受力不同而產生龜裂，但仍可確保整棟館舍的安全。另一方面，志鴻館東、西兩側立面是梯形造型，也是為節省經費而衍生的巧思。

當時，結構試驗室因為所需面積最大，也要有好的載重條件，但相較大型試驗室，當年教授與研究生所需空間沒那麼大，加上每一層樓都是同樣樓地板面積，建築費用將高出預算，於是，就把試驗室放在1樓，所需空間略小於試驗室的教授研究室則設在2樓，而需求空間最小的研究生研究室設置在3樓，整體建築呈現梯形。

然而，這樣的特色卻為志鴻館在日後使用帶來不少問題，例如：陽光曝曬造成室溫容易升高；下雨時雨水落在窗台，卻會反彈到玻璃窗上，造成窗面霧濛濛、透光度不佳，而且窗台容易含水滲透到室內，使牆柱受潮掉漆。但平心而論，這樣的方式卻也在空間和花費上取得折衷，達到最大效益。

抹不去的影響力

縱然告別人生舞台，陸志鴻數十年來忠於學術、淡泊名利且敏於事、嚴以律己的身教，造就學生數千人，弟子在國內外工程、材料界不計其數，至今仍深具影響力。

陸志鴻過世10年後，1982年6月，臺大獲得教育部核准，以原機械研究所材料科學組為主，融合其他3系（化工系、電機系及土木系）的相關師資與設備，在志鴻館設立材料科學與工程學研究所，而負責籌備申請的黃振賢、首任所長張順太，都是陸志鴻的得意門生。時值材料科技被列為我國四大重點科技之一，攸關未來工業、經濟建設，為了配合國家發展需求，臺大材料所積極培養材料科技研究與應用人才，並接受材料工程界委託，提供材料有關技術問題的研究服務和解決方案。

另外，材料試驗室也從機械系轉為改屬材料所，陸續由陸志鴻的學生黃振賢、王文雄、吳錫侃主持。不過，由於材料所貴重儀器漸多，所需技術員亦多，教育部編制不足，因此部分技術員及辦公人員所需經費由材料試驗室約雇，如此才能維持材料所的正常運作。

王文雄觀察，陸志鴻在國際間深具學術聲望，執教學子不少均赴美深造，在國際材料科學學界有吃重角色，使台灣成為跨國學術合作的重要一環，進而促成台灣材料科學發展；但隨著教師、學生人數逐漸成長，志鴻館270坪使用空間明顯不足，於是決定新建工學院綜合大樓，紓解空間壓力。

不過，1991年2月綜合大樓完工後，先後落腳此處的系所不少，涵蓋機械系所、土木系所、材料系所、化工系所、高分子所實驗室，工學院再度面臨空間不足的問題，於是又有了興建工綜新館的想法。

然而，這件事並不容易。臺大校地不小，但系所也多，新的場館要設在何處？經費從何而來？如何協調其他系所？

凡此種種，從倡議、討論到募款、籌辦興建，都是工學院院長及各單位主管共識及投入的結果。以募款為例，自時任院長陳義男啟動，歷經楊永斌、葛煥彰、顏家鈺、陳文章到江茂雄等5位院長的長期努力，獲得財團法人宗倬章先生教育基金會宗成志（機械系校友）及宗緒順兩位董事長慨捐4億餘元，以及爭取到教育部4億餘元，共計約9億元，方得實現。

終於，工綜新館選定在舊機械館和志鴻館所在地，並自2018年4月1日起正式拆除志鴻館。

即便志鴻館走入歷史，但陸志鴻的影響力難以抹滅。中國材料科學學會自1980年起，特別設置「陸志鴻先生紀念獎」，表揚對材料科學發展有功的人士，只要屬於學會會員，或是材料科技從業人員、在國內外從事材料科技工作，具備傑出成就者，均可由推薦人推選為候選人。

迄今，陸志鴻獎44位得獎者，每位都是一時之選，例如，臺大材料系名譽教授薛承輝，早期曾在美國橡樹嶺國家實驗室（Oak Ridge National Laboratory）工作逾20年，2010年加入臺大教職，擔任「邁向頂尖大學——優勢重點領域拔尖計畫」總主持人，探索尖端材料在微奈米尺度下的新穎機械行為，並建立材料力學實驗室，與美、日建立跨國團隊，和工研院以及在大

陸志鴻畢生投入機械與材料科學領域，對臺大工學教育與台灣工學研究與應用接軌國際，影響深遠。圖中為原放置在志鴻館的陸志鴻半身銅像。

中華區電線電纜和不鏽鋼領域具有領導地位的華新麗華，均有長期產學合作計畫，對學界、產業界量測、分析、改善材料機械性質幫助甚大，而在2024年獲得陸志鴻獎肯定。

陸志鴻畢生投入材料科學、機械，在20世紀中葉、台灣現代化工業發展初期，就已預見技術人才的重要，不僅推動台灣工業技術發展，更開創了現代工學教育格局，為臺大奠定工學教育基礎、使台灣的工學研究與應用接軌國際，對台灣躋身工業強國之林，以及能擁有半導體護國神山，均厥功甚偉。

志鴻館的建立，不僅是一座建築，更是一座燈塔，照亮無數懷抱工程夢想的學子。走過從傳統到創新的蛻變，志鴻館在實體世界或已消失，但當我們站在科技浪潮之巔回望，志鴻館依然矗立，訴說著知識、技術與產業並進的動人故事。

文／陳育晟

地震科學研究
從工程補強到AI預警，驚豔國際

白河、921、331……，
地震為台灣人帶來不小的生命財產損害。
看見這個難以避免的自然災害，臺大土木系嘗試深入研究，
不僅提升了建築物的抗震能力，也強化了地震預測能力。

2024年4月3日早晨，芮氏規模7.2強震來襲，全台民眾都可明顯感覺到搖晃。就在這場為時98秒的主震中，位在花蓮市區的天王星大樓應聲傾倒，造成1人死亡、4人受傷，但位在該大樓對面，屋齡超過半世紀的花蓮麗翔酒店卻屹立不搖，關鍵就在使用台灣抗震設計專家、臺大土木系講座教授蔡克銓團隊研發的新型「挫屈束制支撐」（BRB）專利技術。

不只麗翔酒店，這套技術還用在全台近300棟大樓上，包括：臺大癌醫中心、兒童醫院，以及台積電位在全台各地的多處廠房。甚至，在9,000公里遠的紐西蘭，也有近20個建案使用蔡克銓團隊授權的技術，並邀請團隊赴當地演講、技術交流，在國際間贏得「比日本同技術的技術性能更好、成本更低，也更具競爭力」的美名。

所謂挫屈束制支撐，指的是把鋼管充填混凝土來包護鋼骨斜撐，並用螺栓或焊接、鋼板與鋼構接合，大地震來時能吸收

蔡克銓與團隊共同研發挫屈束制支撐技術，已成為國內建築工程被廣泛使用的制震裝置。

能量，保護建築結構。但其實，早在「0403花蓮大地震」與新型挫屈束制支撐技術採用之前，蔡克銓和臺大土木團隊就在台灣防震史扮演不可或缺的角色。

籌設國震中心

1977年自臺大土木系畢業後，蔡克銓到美國史丹佛大學攻讀碩士，而後再進入享譽全球的Skidmore, Owings and Merrill（SOM）公司工作，目前全球最高建築哈里發塔（Burj Khalifa Tower）、芝加哥曾穩坐全球第一高樓20年的威利斯大廈

（Willis Tower），都是該公司設計的大作。

正因如此，蔡克銓在不到30歲，就曾和全球一流的建築師、結構工程師、機械工程師共事，打造一個個外觀新穎特殊，但又能確保結構安全性的設計。他對鋼構設計的熱情徹底被點燃，於是又到加州大學柏克萊分校繼續攻讀博士，並在1989年返回母校臺大任教。

那時正是美國在多地成立國家級地震工程研究中心的時期，並且建議地震頻繁的台灣也可仿效，但要避免各校零星建設小型實驗室，無法將資源集中使用、發揮群聚效應。因此，行政院國科會決定籌設國震中心，國內不少大學均表達申請意願，最終由1978年就開創台灣建築結構審查先河，並長期投入地震工程研究的臺大獲選。

世界級的大型地震工程實驗室

國震中心自1990年開始籌建，歷經8年，地上6層、地下1層的鋼筋混凝土建築正式完工，是全球少數、台灣首創的大型地震工程實驗室之一，由臺大提供土地，行政院提供建設設備所需經費。

「地震工程研究不能只靠理論推算支撐，」蔡克銓強調，台灣地震頻繁，「必須透過實驗驗證梁柱結構、鋼筋混凝土或鋼骨構件及接合設計的抗震能力，」他解釋，實驗數據可用來建構更精確的電腦模擬模型，進一步提升建築與橋梁的耐震設計準確度。

只不過，誰也沒想到，強烈地震來得如此突然。

1999年9月21日凌晨1點47分，中部山區發生規模7.3強震，全台劇烈搖晃持續約102秒，加上後續1個月內的1萬2,958次餘震，一共造成2,415人罹難、29人失蹤、1萬1,305人受傷，另有5萬1,711棟房屋全倒、5萬3,768棟房屋半倒，是台灣在二戰後傷亡損失最慘重的自然災害。

國震中心才落成短短1年，就迎來百年強震的考驗。這場浩劫，對台灣地震研究帶來深遠影響，其中最大的一項，就是加速推進了建築物、橋梁結構補強機制，以及創新技術的發展。

政策倡議，改寫防震設計邏輯

未來應該怎麼辦？

滿目瘡痍的災後現場，衝擊著台灣民眾與官員的心，促使眾人開始思考，「從法規面著手，是當時的共識，」蔡克銓說。

內政部深感台灣的建築技術規則、耐震設計規範均不足以對抗強震，於是協同國震中心、臺大地震工程研究中心、中華民國地震工程學會等單位進行一系列檢討、修訂，決定以921大地震的資料為基礎，加上中央氣象局（現改制為中央氣象署）的觀測資料，還有國內外相關規範與研究成果，重新評估建築物的耐震設計和規範。

緊接著，國震中心開始邀集國內學者專家、業界與主管機關代表，共同成立規範研究發展委員會，協助內政部和交通部修訂《建築物耐震設計規範及解說》，確保新建結構耐震安全。該規範在2011年1月公告，7月施行，成為目前建築物耐震設計規範的主要內容。

挫屈束制支撐運用在許多建築工程，包括國震中心研究大樓的增建。

整個過程，是一場化被動為主動，向政府防震政策提出倡議的變革。

早期台灣建築耐震設計規範，多由內政部營建署（現改制為國土署）徵求學者意見修訂，屬被動式更新，也就是到災後才開始改善，效率和效果往往都不理想；國震中心成立後，開始長期、持續投入研究，滾動式提出《建築物耐震設計規範及解說》修訂草案，再向主管機關建議，進而推動台灣防震規範的持續更新。

「主動式更新防震法規更能及早發現建築物本身的問題，」

參與不少法規修訂的蔡克銓舉例，過去台灣中小學校舍因建設經費有限，建築耐震力薄弱，往往成為地震來襲時損害最嚴重的建築物——921大地震中，位在震央的南投縣，甚至有超過一半的校舍全倒或半倒。

因此，國震中心主動建議並促成校舍耐震補強專案，由臺大土木系特聘教授黃世建率隊從2009年起協助教育部，推動全國超過3,600所公立高中職以下、高達2萬多棟老舊校舍的耐震能力評估與補強計畫，提升學生就學安全性。

這些有研究和數據支撐的政策與行動，在後來的幾次強震也禁得起考驗。例如，發生在2010年，規模6.4的高雄甲仙地震，距離震央僅30公里的玉井國中，由於尚未補強，建築物多數柱體已產生明顯的結構損壞；反觀距離震央31公里的玉井工商，因為已經進行補強，建築物並未出現結構性損壞。

因成效卓著，黃世建及團隊還在2011年得到行政院「傑出科技貢獻獎」。

大樓蓋得更高但更安全

針對建築物的耐震性，臺大與國震中心團隊不僅從政策面著手，更推動鋼筋混凝土結構的提升。

蔡克銓解釋，早期台灣的建築常因造價考量而多採鋼筋混凝土結構，但卻因為施工過程中混凝土的流動性經常不夠，導致難以順利灌注，而若隨意加水來提升流動性，又會造成結構強度不足，新型高強度鋼筋混凝土技術因此應運而生。

「混凝土強度提高後，柱子和梁可以縮小，讓建築物可以蓋得更高，即便是50層的大樓，也可使用鋼筋混凝土結構，」蔡克銓說明，這項技術最早在日本發展，黃世建的團隊也認識到該技術的重要性，從2009年起結合國內學者、產業界共同投入，歷經10年，總算是開發出台灣新型高強度鋼筋混凝土系統，鋼筋強度、混凝土強度分別提升1.6倍、2.4倍。

新的混凝土系統技術主要是提供屈服強度更高的鋼筋，搭配高強度混凝土，讓結構在地震作用下，能更有效吸收、耗散能量，並減少損壞；同時，經過精密的細節設計，如：改善鋼筋接頭、加強構造柱與剪力牆配置，又可確保材料在極端受力下，仍能保持延展性與韌性。

此外，高強度鋼筋混凝土特性，可有效節省營建材料、縮小結構尺寸，而且因為梁柱事先得在工廠製造，再運到現場組裝，相較傳統鋼筋混凝土會在工地現場直接澆置混凝土，更能確保施工品質，並縮短工期。國震中心報告指出，若以25層樓的建築為例，使用新型高強度鋼筋混凝土系統技術，相較於傳統鋼筋混凝土，在構件材料成本上可大幅節省45%，工期則可節省50%。

除了建築物的補強，921大地震造成中部埤豐橋、名竹大橋、石圍橋、長庚橋崩塌損毀，讓政府更重視橋梁的耐震評估、規範修訂與提升補強，剛退休的臺大土木系教授張國鎮和國震中心團隊，也再次在其中扮演要角。

「張國鎮與團隊在實驗室與橋梁現地勘察、驗證，以蒐集到的實驗值、分析值等數據建立模型，開發出橋梁耐震評估和補強技術，」蔡克銓回憶當時：「後來還協助交通部完成《公路橋梁耐震設計規範》，以及後續的補強評估、研擬和修訂。」

有了這些成果，交通部便可進一步完成多項橋梁耐震補強專案工程，有效提升橋梁耐震能力，現已陸續完成第一、二期補強，包括：國道一號、二號及國道三號北段，而國道三號中南段，以及國道四、五、六、八、十等路段的補強工程，也正如火如荼進行中。

掌握橋梁養護與補強順序

原本，台灣便經常面臨地震的衝擊；如今，在極端氣候影響下，颱風、洪水、土石流出現的機率更加頻繁，必須針對橋梁結構安全，提出更即時、有效的解決方案。

有鑑於此，張國鎮和國震中心團隊共同開發了「橋梁全生命週期防災管理系統」，運用雲端填報平台，讓橋梁巡檢人員能隨時更新資訊，再統一交由後台專業人員進行後續橋梁安全評估與維修建議，建立橋梁危害分析評估排序，不只更客觀，精確度也有效提升，可做為橋梁養護或補強順序的重要依據。

甚至，人工回報還不夠，已退休的臺大土木系教授羅俊雄和國震中心團隊還共同開發結構健康監測技術。

「他們在橋梁與建築物上安裝加速度計等感測器，」蔡克銓指出，這樣一來，就可以記錄結構在地震時的加速度變化，透過分析相關數據，如同檢測心電圖般，判斷結構變化、振動週期、材料劣化等重要指標，確保橋梁與建築物的安全性，譬如即將在2027年邁入完工50週年、每天有20萬輛以上車次經過的圓山橋，就因為這項機制精確判斷何時需要進入大修，在確保公共安全的同時，也把對用路人的衝擊降至最低。

諸如此類的創新應用，讓蔡克銓及團隊在2017年以「新型挫屈束制支撐」技術獲得行政院「傑出科技貢獻獎」肯定。

「這項技術源自鋼結構在地震、強風中浮現的問題，」他解釋，鋼骨結構強度雖高，但整體系統側向較軟，容易導致層間位移，造成牆體破裂，因而會在鋼骨建築中加裝「斜撐」，減少變形；然而，若斜撐設計不當，在地震時斜撐反覆受拉、受壓過程中，會發生「挫屈」或提早斷裂破壞，結構抗震性能就會降低。

為了克服這個問題，蔡克銓和團隊研發的挫屈束制支撐技術，用特殊方法包覆鋼斜撐容易挫屈的部分，讓鋼骨支撐的核心部位在拉壓過程中發揮完整強度，提升強震性能。

蔡克銓（中）指導學生進行新型桁架式挫曲束制支撐的測試。

「挫屈束制支撐技術最早始於印度、日本，台灣從2000年後大量應用，後來經過自我創新、改良，」蔡克銓笑著說：「我們已經發展出比日本更優越的本土版。」

從師法日本到超越日本

他解釋，臺大與國震中心研發的本土新型挫屈束制支撐技術，和其他技術相比，結構連接所需螺栓數量、螺栓結合長度都能減少5成，但能擴大鋼支撐核心的有效範圍，亦即技術性能更好，但接合成本卻降低。

乍聽之下，一路走來似乎很順利，但事實卻是，「研發過程不可能一次到位，」蔡克銓補充。

一開始，團隊採用的是「搭接」方式，需要製作兩支相同的挫屈束制支撐，到現場在梁柱角隅的接合板處搭接組合，雖然有效縮短螺栓接合長度，但製造成本卻偏高；而後，團隊改採「槽接」技術，只需要單管就能完成，大幅降低材料與製造成本，也成為最符合成本效益的解決方案。

不僅如此，「每一個步驟，我們都避免侵害他人專利，更要兼顧價格可負擔性和卓越性能，並透過大量實驗驗證成果，」蔡克銓強調。

技術推出後，團隊不只發表學術論文、參與研討會推廣，更授權近20家鋼構廠在台生產，包括老字號的中鋼結構、長榮鋼鐵、春源鋼鐵及東和鋼鐵。團隊甚至開發雲端自動化設計軟體，讓工程師能快速取得設計結果，使日本技術在台應用大幅萎縮，僅少數強調採用日本製建材的建案仍選擇日本產品，「反倒有愈來愈多台灣高端建案、豪宅，選擇我們的技術。」

為台灣留下數十億元外匯

從總體經濟角度來看，新型挫屈束制支撐技術更為台灣省下數十億元貿易逆差。

蔡克銓解釋，新型挫屈束制支撐技術的核心材料是鋼材，外頭包覆套管，內部填充混凝土或高強度水泥砂漿，因此，以摩天大樓為例，若需要裝設300支斜撐，且每支均向日本購買，單支需要新台幣50萬元，總價達1.5億元，而本土自行研發製造的斜撐，成本只有一半。若以2003年至2025年間該技術已應用超過290個建案、近300棟大樓，一共安裝超過3萬支斜撐來估算，已將數十億元外匯留在台灣。

另外，多功能滾動式隔震系統，也是張國鎮和國震中心團隊在後921時代的重大建樹之一。

這項技術的原理，是在建築物與地基間設置具有滾動功能的隔震裝置，使建築物在地震來臨時，可隨地表滑動或滾動，大幅減少地震能量直接傳遞至上部結構，讓建築物在小震時保持穩定，在大震時因為振動被有效吸收，也能防止結構損壞，如今已廣泛應用在高價值設施的保存，像是國研院國網中心資訊機房、中央災害應變中心中部備援中心資訊機房、中研院歷史語言所文物典藏設施、中央氣象署超級電腦，以及國震中心7樓的電腦機房等。

「2016年規模6.6的美濃地震來襲，南科的光罩儲存設備因為使用該系統，絲毫沒有任何損傷，」國震中心副主任柴駿甫很欣慰地說。

10秒識別災害性地震

儘管臺大與國震中心團隊已從建築、橋梁、創新技術三大層面強化台灣防震韌性，但中央氣象署表示，若以地震週期來看，平均每30年，台灣就會發生一次規模7以上的大震，仍讓

國震中心設有多軸向試驗系統，能模擬測試工程抗震的各種研究。

國人不敢輕忽地震可能造成的損害。有鑑於此，新世代學者紛紛結合智慧科技，把防震科技往前持續推進。

地震預警系統便是其一。早在1994年，台灣就已開始推動地震預警系統，可為震央70公里以外地區提供預警，但對近震區反應卻較慢。為此，臺大與國震中心團隊之一，臺大地質系特聘教授吳逸民，進一步開發以P波（壓力波）初期震動週期（Tc）與最大位移振幅（Pd）估算震度，並辨識災害性地震的方法，成功把判定時間縮短至10秒內。

國震中心建物組組長、研究員林瑞良解釋，地震時最先抵達的是P波，較弱但速度卻更快，後續到達的是破壞力較強的S波（剪力波）。利用P波來預測S波的強度，可以提早約10秒示警，讓高鐵列車提早減速、電梯能停靠在最低樓層，高科技廠房也可把握時間啟動保護程序。

另外，「5D智慧城市防救災平台」也是臺大和國震中心團隊在地震研究與智慧科技的結合成果。所謂5D，指的是三維空間（X、Y、Z）、時間與數位孿生技術（Digital Twin），即在數位世界當中，創造一個現實世界城市的數位模擬，透過5D平台結合物聯網數據、建築結構資訊，可即時反映建築物在地震時的受力變形情況，還可模擬地震時地底管線的損害情形。

更重要的是，這個平台在震前可用來推估災害潛勢，供有關單位進行耐震補強、規劃救災計畫、分配物資，並整合大數據，提升都市設施安全管理與防災教育效率；震後，只要輸入地震資訊，就可立即顯示災情的可能分布，搭配無人機巡檢提供即時影像，協助救災指揮與臨時補強。

柴駿甫進一步指出：「平台結合AI技術，即便沒有安裝感測器，只要有建材、樓層數等建物屬性資料，就可以快速預測地震下的建物受力變形反應。」目前高雄市是全台最早建立5D智慧城市防救災平台的縣市政府，已建立完整地表建物、地下瓦斯管線、水管、消防系統等圖層資料。柴駿甫解釋，高雄人口、建築物密度比台北低，建置模型工程量相對較小，而且高雄過去曾發生過地下管線氣爆，有相關研究基礎，加上市政府合作意願高，因而率全台之先推動。

臺大團隊在過去30多年，透過新技術提升台灣建築、橋梁防震性能的努力，歷歷在目。然而面對AI時代來臨，新科技迭代更新的速度愈來愈快，大學培養的地震人才還有哪些價值？

讓人身安全與地震和平共存

蔡克銓指出，隨著科技快速演進，大學教育的目標，已從傳授知識轉向為教導學生正確的學習方式，但大學只是入門，若要對地震工程更熟稔，得繼續攻讀碩、博士進修。目前臺大土木系約有1,000個學生，研究生、大學生比例約為6比4，儘管未必所有學生都投入結構工程，但他認為，臺大培養的人才，都能用所學回應實務界需求。

而國震中心的增建案，就是一大例證。1998年落成的國震中心，地上6層、地下1層的辦公空間，歷經國內地震工程研究快速發展，空間已不敷使用。在臺大土木系、國震中心、潤泰營建事業的合作下，增建案於2019年10月動工，希望既能增加研究空間、展示先進耐震技術，更要提供真實結構的受震反應，供相關研究持續向前推進。

增建案是以原有6層樓為基礎，再向上增建鋼結構樓層，形成13層樓的鋼筋混凝土、鋼結構複合建築，並設置「集中式鋼結構服務核」優化空間。除了必須克服新舊結構銜接、材料轉換等技術挑戰，這個案子也實際運用了耐震補強、制震元

國震中心增建工程運用了制震元件和智慧科技，是團隊30年研究的心血結晶。

件，如：新型挫屈束制支撐、多功能滾動式隔震系統等設計，提升耐震性能。

智慧科技在增建案中也處處可見。增建後的新大樓整合地震預警系統、結構健康監測技術，在強震來臨時提前發出警報，啟動自動防災機制，震後也能迅速完成結構安全評估，毋須等待人工作業，而「5D智慧實驗室維運管理平台」則讓建築物能即時記錄、分析震動與維護資訊，提升震後復原效率。

不難發現，這棟大樓，堪稱是臺大與國震中心團隊過去30多年研究心血結晶的集合。在這片堅實的基礎上，無數政策倡議、科研成果與防災創新陸續誕生，也因此，台灣在地震頻繁的環境中，得以逐步打造出更安全的生活空間。

而對蔡克銓來說，「沒有臺大與國震中心，就沒有今天的我，」2022年當選美國國家工程院國際院士的他，如今已70歲，在台灣與全球抗震路走了超過40年，早已桃李滿天下。他衷心期盼，臺大地震防災科技的火炬能夠一棒接一棒，讓每個人的生命財產都能與地震和平共存。

文／陳育晟

翡翠水庫
台灣水利工程指標之作

靜靜守護雙北民眾日常的翡翠水庫，
是第一座由國人自行規劃、設計、施工的大型拱壩，
完工40年，全台唯一沒有優養化現象，
臺大土木系師生打下技術自立的里程碑。

晨曦拉開帷幕，扭開水龍頭盛水，再將水煮沸，泡杯咖啡或茶，是不少雙北人迎接一天的方式。但可能很多人不知道的是，這份來自於每天供應雙北地區民生用水、服務人口數達全台四分之一的翡翠水庫，是全台首座由國人獨力完成的水庫；而更鮮少有人知道的是，翡翠水庫能夠成功興建，背後還有來自臺大土木系在工程技術與知識的強力奧援。

如今即便完工已近40年，根據2024年依國際標準檢測卡爾森優養指數（CTSI）水質檢測，檢測值結果為37.64，低於40（貧養），是全台唯一沒有優養化現象，也就是沒有氮、磷等植物營養物質含量過多，而引起水質汙染現象的水庫。

首座由國人自力完工的大型拱壩

時間拉回1970年代，當時台灣經濟快速發展，大台北都

翡翠水庫是首座由國人設計與建造完成的大型拱壩，在水利建設具劃時代意義。

會區也因為工商活動日益蓬勃，用水需求暴增，枯水期時常有缺水情形，自1980年代起缺水、水壓不足現象頻傳，很多地區需要靠水車運送救急。

為了解決水源問題，自1976年至1978年擔任台北市市長的林洋港，在任內拍板決定興建翡翠水庫。然而，在那個「漢賊不兩立」的年代，不少民眾與利益團體憂心，這座距離台北市僅30公里的水庫，若在戰爭時遭到攻擊潰堤，台北市可能淹水達4層樓高。

當時是領導者智慧與意志高度展現的年代。

林洋港獨排眾議，表示「寧願被水淹死，也不願意渴死」，彰顯他興建翡翠水庫的強烈意志，再加上前、後任行政院院長蔣經國、孫運璿的支持，終使翡翠水庫興建案不致胎死腹中，之後也在時任台北市市長李登輝等人的持續往前推動下，於1987年完工，造福國人。

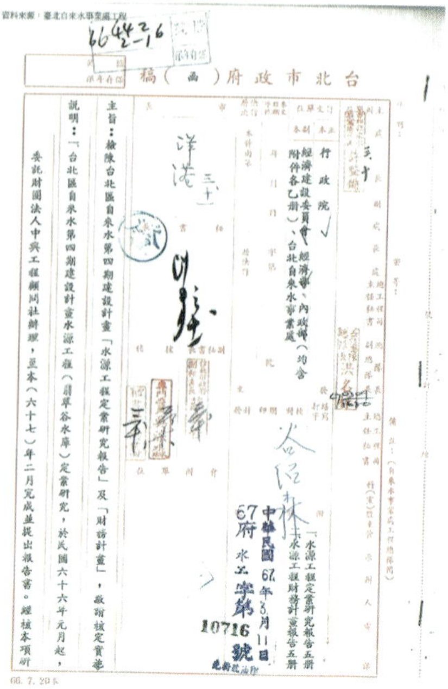
資料來源：臺北自來水事業處工程

台北市政府（函）稿

受文者：行政院

副本：經濟建設委員會、經濟部、內政部（均含附件各乙冊）、台北自來水事業處

中華民國67年3月11日
67府水工字第10716號

附件：「水源工程定案研究報告五冊」「水源工程財務計畫報告五冊」

主旨：檢陳台北區自來水第四期建設計畫「水源工程定案研究報告」及「財務計畫」，敬請核定實施

說明：「台北區自來水第四期建設計畫水源工程（翡翠谷水庫）定案研究，於民國六十六年元月起，委託財團法人中興工程顧問社辦理，並於本（六十七）年二月完成並提出報告書。經核本項研

台北市政府於1978年3月11日提定案計劃，請行政院審議核定。

翡翠水庫自1969年經行政院核定計畫，前期規劃、討論花了整整10年之久，直到1981年動工，歷時6年完工，使大台北地區民眾免受旱澇之苦。

這項工程，是由台北市政府委託具有興建拱壩經驗的台灣電力公司承辦，並由中興工程顧問社（1994年改制為中興工程

顧問有限公司）負責設計、監造，榮民工程事業處（1998年改制為榮民工程公司）負責施工，「可說是全憑國人能力設計、施工完成的第一座大型拱壩，在台灣水利史上具有劃時代的重大意義，」唐獎教育基金會執行長陳振川強調。

為公共工程產學合作寫下新頁

1974年至1979年間，台灣邁入「十大建設」時期，多項重大工程建設陸續展開；然而，在此之前，「水」與「電」是最基本需求，水利、電力設施是政府施政優先要務。為了滿足需求，儘管環境不易，國內高等教育體系仍戮力培養土木工程人才，臺大土木系自然也不例外。

確實，翡翠水庫從規劃設計到承建施工的4個單位負責人，全都畢業自臺大土木系，包括：翡翠水庫建設管理委員會執行長謝毅雄、台電處長劉仕周、中興社協理程禹、榮民工程處翡翠水庫施工處主任汪燮之。

也是在那樣的背景下，臺大土木系培養出來的學生被視為頂尖人才，不少人在畢業後出國進修，未出國者則多進入薪資較優渥的台電服務，但後來政府認為應讓部分優秀台電工程人才轉向民間、提升競爭力，於是又成立中興等工程公司，承接國內重要水利工程。

擔負起翡翠水庫規劃、興建重任的4位關鍵負責人，即是在1951年至1952年間進入臺大土木系。「他們在求學時期便已熟識，後來能有機會為共同的目標努力，都很珍惜這個難得的機會，」臺大前校長、土木系名譽教授虞兆中曾直言：「4位學識、經驗皆豐富，才幹卓越，個性也相當強勢，遇到問題往往各有堅持，幸好多了一層同學、學長與學弟的關係，總能就事論事、不記仇，最後也都能達成共識。」

不只是學生在翡翠水庫興建過程中扮演重要角色，臺大土木系學養俱佳的教授們，更提供了重要技術支援。

首次在台把「條帶順應法」（Stripe Compliance Method，指針對特定條帶的變形、承受作用力進行計算）應用於大壩結構地震歷時分析的葉超雄，以及專長為大壩基礎調查、岩心力學試驗、壩基強化處理的洪如江，還有進行水庫水工模型試驗分析（含潰壩影響評估）及台灣首度環境影響評估的顏清連，三人皆受聘擔任興建顧問。

另外，以大壩混凝土材料力學及實驗聞名的高健章，還有參與大壩地震安全監測分析的羅俊雄，以及混凝土長期變形實驗、變位安全監測分析的陳振川，3位臺大土木系名譽教授也都一一在列。

這些在國際間享有聲譽的一流學者，從大地、水利、結構、材料、耐震、潛變等不同角度，搭配翡翠水庫預先埋設的各項量測儀器設備、地震儀、監測系統，為大壩興建、安全管

陳振川期許「翡翠水庫百年壽命目標」，加強監測與管理。

理、災害應變機制提供專業支持，在1980年代開創溝通順暢、效益加乘的產、官、學合作模式。

翡翠水庫的規劃、設計，首要目標就是「安全」。為了符合這個前提，從選址開始，整個團隊便開始不斷面對、克服各種挑戰。

以縝密工程設計克服先天地質難題

首先，「翡翠水庫大壩是三心雙向彎曲變厚度混凝土拱壩，」陳振川說明，所謂「拱壩」，是向河流上游方向彎曲的混凝土水壩，水壓通過拱形結構傳遞給兩岸基岩，壩體結構因而被壓縮而使承載加強，因此拱壩使用的混凝土量較少，可節省工程的材料用量，節省成本，加速施工。

為延長翡翠水庫使用年限，選址團隊花費極大心力，找到具備足夠水源及結構承載的地點。然而，台灣地質存在順向坡問題，容易滑動，若要在預定地點建置水庫，需要進行改良。因此，技術團隊參考日本經驗，採用高壓水沖洗岩石層間泥土，並以膨脹水泥漿填補縫隙，使地基更加穩固，大幅提升了水庫安全性，建設成本也僅增加4%。

創意妙招解決層縫難題

其次，另一個難題是，巨積混凝土施工過程中，得採用分層分塊施工，導致有分塊層縫處理問題。

舉例來說，混凝土分批澆築，或是因為施工間隔過長及層面浮水，造成澆築的混凝土和新澆築的混凝土間結合不良，產生界面，可能導致結構強度下降、滲漏與裂縫等問題。

陳振川解釋，翡翠水庫高112.5公尺（相當38層樓高），長度510公尺，最大厚度25公尺（相當7層樓高），但混凝土凝固時會散熱，一旦沒把熱度排除，使混凝土表面溫度低、裡面熱，混凝土就容易因熱脹冷縮而裂開。

該怎麼解決這個難題？

工程團隊想到的妙招是，「在混凝土裡面加碎冰降低溫度，並設置冷卻水管，以調節混凝土的溫度，並且不只要降低混凝土內外溫差，也要注意材料配比，確保混凝土排熱量降低，也善用分塊及溫度控制來達成拱壩的效能，」陳振川說。

同時，團隊也率全台之先，引進在國外相當盛行的「超高壓水鑽及水刀沖洗法」。其中，超高壓水鑽是利用極高壓力的水射流來切割、去除、鑽削材料的技術，用在混凝土切割與拆除時，可以精準切割，而且不會揚起大量粉塵；水刀沖洗法則是運用中高壓水流，提高新舊混凝土接縫間的黏結力，優點是對基材損傷小。

時任台電翡翠工程處基礎課長傅重炆、主管地質李慶龍，還特別在《地工技術》期刊撰文表示，過去國內土木工程所用的地工技術，多由國外引進，很少自行研究開發，但翡翠水庫的層縫處理，從構想、規劃、設計、試驗到施工，全都由國人自辦，事後證明其效果可大幅改善壩基強度、水密性，確保水庫安全。

找出影響水庫長期安全關鍵

除了地質與材料本身的問題，「時間變形」和「耐久性」是翡翠水庫工程長期需要面對的關鍵課題，但當時台灣工程界主要關注的焦點偏重強度，對這兩項的重視程度相對不足。

但是，「變形、耐久性同樣重要，」師承在此方面的世界頂尖大師巴讚特（Zdenek Bazant）教授，並取得美國西北大學土木工程博士學位後，陳振川曾在美國阿岡國家實驗室（Argonne National Laboratory）工作一年半，負責核電設施建設、安全防護相關領域研究，對於這個現象觀察許久，語重心長地說。

「水庫、橋梁建設一旦變形控制不夠好，可能導致施工階段結構無法如期對接，或是產生重大安全隱患，」他舉例，像是高速公路圓山橋因長期變位過大需要補強修繕，水庫大壩也會因為水位、溫度、材料自身影響而變化，而在長期承受作用力之下，混凝土結構亦會隨時間產生緩慢的潛變，都需要精確評估，才能確保翡翠水庫安全。

有鑑於此，在工程後期，相關領域研究就由取得博士學位返國任教的陳振川等人負責。他提到，翡管局早期傳統監測技術是每日測量一次變形，再依實測累積數據判斷安全性，然而這種做法受限於測量頻率與人為判斷的主觀性，無法精確評估水位、溫度、材料對水庫結構的影響，特別是外在環境有變異（例如氣候變遷），需要有更科學、精準的評估方式，另外也要把地質、地震因素納入考量。

「當時我用了『熱黏彈有限元素分析』（Thermoviscoelastic Finite Element Analysis），進行翡翠拱壩長期行為研究、大壩長期變位行為比較。」陳振川回憶。

熱黏彈有限元素分析，是一種數值模擬技術，用來分析材料在溫度變化、受時間推移而變形的力學行為，會把結構、材料離散化為小單元，計算出結構在內部材料變化及受外部作用力影響後，內部產生的抵抗內力，以及其溫度分布。這種分析方法，可預測材料、結構在不同溫度與時間下的變形。

水庫壩體採取分層分塊方式進行巨積混凝土澆築，控制混凝土的溫度變化，保障結構安全。

而後，陳振川再搭配長期蒐集的上、下游水位、壩體溫度分布、混凝土應變等監測資料比對，可更精準掌握水庫運作情況，預測水庫結構變形，「已經是很不錯的管理。」水庫完工後，他更將實務結合教學，指導3位研究生從事監測分析相關研究，並在2018年再完成翡翠水庫壩體長期變位趨勢研究，驗證早期研究成果、方法的可行性。

意外緩解台北盆地地層下陷問題

如果說台積電是台灣的「護國神山」，「翡翠水庫可以說是『護北神庫』，」陳振川指出，早期台北盆地因過度抽取地下水，導致地層下陷嚴重，光是在1955年至1961年間，地面下陷就高達30公分；加上工業快速發展，人口往台北盆地集結，公共用水不敷使用的情況雪上加霜，民間企業又大量開鑿水井抽取地下水，形成惡性循環，「沒想到翡翠水庫的三階段蓄水，意外緩解了地層下陷的問題。」

不過，「那其實是意外收穫，」他坦言，早期工程界還沒有水土保持、氣候變遷等觀念，而所謂三階段蓄水，是在興建到一定程度後，先進行第一階段蓄水，測試施工品質，而後隨著工程進度往前推進，依次進行第二、第三階段蓄水。由於每次增加的水量較少，結構壓力變化較緩和，讓地基有時間逐步適應，減少地層壓縮、土壤結構變化和因為短時間大量注水可能誘發的地震，提高整體穩定性。

此外，陳振川提到，他們同時也發現，位於台北盆地上的水庫，因為儲水產生水頭壓力，經由土層滲透而挹注地下水，造成盆地水位提升，無意間對緩解地層下陷帶來不小幫助，且水庫啟動供水後嚴禁抽取地下水，讓台北盆地地層穩定化。

受此經驗啟發，國內逐漸認識到，地下水是珍貴資源，必須強化保護。

陳振川提到，受全球暖化影響，海平面逐漸上升，倘若台北盆地持續地層下陷，衝擊防洪與排水系統，海水會侵入盆地地層淡水資源，導致水資源鹽化枯竭，而緩解地層下陷問題的翡翠水庫，顯然不只確保雙北供水，對國土保育、地層穩定更至關重要，彰顯其在氣候變遷下的重要價值。

其實，「永續」本就是翡翠水庫工程的重要課題，水庫集水區是全國唯一以《都市計畫法》為法源，劃設為水源特定區的特例。

落實永續理念

「當地土地使用分區，95%以上是保護區，管制也更加嚴格，不僅集水區落實水土保持，更使翡翠水庫的淤積率遠低於全國水庫平均，」陳振川有感而發表示，當初若未嚴格保護水庫周邊環境，浮濫開發建設可能導致嚴重土壤侵蝕與生態破壞。如今該地區水土保持良好，成為生態保育典範，證明水資源管理做得好，確實對城市發展、生活品質帶來長期正面效益。

有鑑於此，陳振川也建議，台北市政府應宣示設定「翡翠水庫百年壽命目標」，繼續編列預算投資、加強監測與管理，以延長水庫使用年限，發揮最大功能與價值，才能應對極端氣候肆虐的現在與未來。

這項倡議，獲得北市府積極回應。

2028年，正逢臺大百年校慶，也是翡翠水庫啟用40週年紀念，台北翡翠水庫管理局計劃攜手臺大土木系、中興工程等參與翡翠水庫規劃、興建的組織，蒐集翡翠水庫歷史資料舉辦特展，強化公眾對水庫及水資源的知識，並推動永續發展理念。

定期監測是維持水庫安全的重要工作，圖為安全組人員在大壩廊道內巡視。

事實上，當年所埋置的儀器設備、量測資料，如今依然持續運作，如同人體健康檢查的各項數據，累積出相當珍貴且具有參考價值的資訊。隨著時代與科技演進，為了蒐集更多寶貴數據，翡管局曾在2016年至2019年分階段更新監測儀器。

根據《水利建造檢查及安全評估辦法》，翡管局每年會辦理一次定期檢查，若發生地震等特殊事件則會不定期檢查。此外每5年還會有一次「定期評估」，搭配大壩各項檢測資料和結構變位預測與分析，以便掌握大壩的健康狀況，不僅能增進水庫安全，也是延長其使用壽命的重要依據。

陳振川分析，相較於初期電腦軟體分析能力不足，硬體設備也較為簡陋，如今科技大幅進步，可透過電腦分析即時預測地震等特殊事件是否導致水庫變形，量測數據比對的準確度也更為提升。只是，由於系統建置仍未完善，原本應該要做到連續24小時終年不間斷監測，目前尚無法實現。

不過，「AI技術發展一日千里，可就水庫累積的水位、溫度、材料等進行學習與分析，」他認為，即便目前翡翠水庫尚未導入AI監測系統，但若能發展智慧監測技術，將可以全年每天24小時監測分析，可提升水庫安全管理，並可藉由翡翠水庫長年累積的大量資料庫及AI技術，讓翡翠大壩的安全管理成為世界頂尖案例，而「翡翠水庫興建、水土保持的成功經驗，也讓臺大土木系在日後發展永續教育時有最好的實際範例。」

建立土木醫生的概念

陳振川指出，基礎建設的設施必須考量使用壽命，若橋梁、水庫設計能以百年使用為目標，成本、施工標準雖稍微提升，但過去經驗顯示，好的建設規劃可減少後續維修成本，以及重新修建的龐大經費，例如，2009年莫拉克風災後所興建的橋梁建設，採用永續發展理念，如今即便面對暴雨等極端氣候事件，依然屹立不搖。

「這樣的趨勢，對臺大土木系課程設計、知識傳播的最大影響，是『土木醫生』概念的建立，」陳振川進一步說明：「大型公共工程不只施工前要考量壽命延長，竣工後更要透過早期檢測及監測、適時補強，延長其壽命。特別是在極端氣候籠罩的年代，更得重視後續維護、災難應對，才符合『永續工程』的精神。」

此外，在材料層面，水泥產業過去一直被貼上「排碳大戶」標籤，隨著永續意識日漸抬頭，工程材料的標準也隨之提升。陳振川強調，台灣混凝土減碳技術領先全球，特別是在混凝土製造上，已成功回收台電火力發電產生的飛灰與鋼廠煉鋼時產生的爐石，替代量達42%的傳統水泥，能夠做到有助減少排碳的低碳高性能混凝土，結構功能也不打折扣。

「台灣在減碳和永續方面早就身體力行，並非只是口號，而是落實在工程技術中，」陳振川表示，相關永續工程知識早已在臺大土木系課堂中傳授，「我們的混凝土工程技術和人才，絕對不輸其他先進國家！」

傳承團隊合作的DNA

翡翠水庫竣工已是近40年前的事，但它留給後代的資產，像是向心力與團隊精神，仍在發光發熱。

一如當年翡翠水庫工程啟動時，4個全來自臺大土木系規劃設計、承建施工單位的負責人般，彼此雖有不同意見，誰也不讓誰，但在4年校園生活累積的信任與專業基礎下，最後總能求同存異，討論出大家都能接受的最佳解決方案。

陳振川解釋，土木工程本來就需要不同團隊協作，因此在校時期，系方不只重視專業素養養成，也會透過各種比賽、活動，還有學長姐與學弟妹間的互動協作，培養每一個臺大土木人的團隊合作DNA。

不僅如此，這種特質也讓臺大土木系培養的人才，深受國內半導體大廠青睞。「相較於其他工程領域的工程師，土木系出身的人才，接受和人與環境溝通的教育，協調整合能力更強，也更擅長跨領域溝通、協調整合，在分秒必爭的半導體產業中，自然能集結眾人之智，發揮最大效益，」陳振川說。

翡翠水庫不僅是台灣北部地區穩定供水的關鍵支柱，更體現台灣土木工程界的技術突破和遠見。嚴謹的選址、創新的建設技術、持續精進的監測管理，及水庫的維護及營運管理，每一環節都是奠定水庫日後永續發展的基礎。

隨著極端氣候挑戰加劇，水資源管理愈來愈重要，未來唯有不斷投入維護與創新能力，才能確保這座「護北神庫」在未來數十年，乃至百年，成為守護城市與國家的生命之源，而臺大土木系所培養的卓越人才，也期盼他們能夠持續在其中扮演不可或缺的關鍵角色。

文／陳育晟

浮式風電
邁向亞太能源新標竿

得天獨厚的海峽風場，讓台灣在離岸風電界的地位逐步攀升，
不只吸引大量外資，更挺進亞太浮式風電的最前線。
這場風起雲湧的能源革命，
臺大工科海洋系從一開始就站在浪頭上。

站在彰化海邊，從海上吹拂而來的強勁海風，讓人差點站不住。根據國際工程顧問公司4C Offshore在2014年發表的全球「23年平均風速觀測」研究，發現世界上風力最強的20處離岸風場，台灣海峽就占16處，而且多數就在彰化外海。這些「綠金寶藏」吸引了許多外資前來，使得離岸風電成為台灣僅次於半導體產業的第二大投資項目。而把風能轉化為實際可用的再生能源，幕後英雄之一，就是臺大工學院。

率領臺大工學院團隊，從台灣風電發展初期研究、政策推動、遴選廠商、後續製造監督各層面無役不與的，則是臺大工學院院長、工程科學及海洋工程學系特聘教授江茂雄。

取得臺大造船工程學系（現為工程科學及海洋工程學系）學士、碩士後，江茂雄赴歐洲最大理工大學——亞琛工業大學（RWTH Aachen University）深造，親眼見證當時德國陸上風電蓬勃發展，便思考把這套學問帶回台灣。

江茂雄表示台灣離岸風電的布局比日韓都早，得力於台灣海峽極佳的風場條件。

不過，回到台灣後，開啟他與風電緣分的，卻是一處網美拍照地和一場颱風。

一場颱風的啟發

2006年，台電開始興建第一批陸域風場，其中最為人知的，便是位在台中港旁的高美濕地，直至現在仍是不少網美駐足拍照的地方；兩年後，強烈颱風薔蜜襲台，這批陸域風場中，有一支風機塔柱遭強風吹倒，引發保險理賠爭議。

保險公司委託他校團隊鑑定，認為是操作不當導致，台電則委請臺大團隊進行獨立調查，於是江茂雄和10位教授組成團隊，用2年時間，從現場拆卸、葉片剖析做起，並建模重建整支風機，再和風力機的實測資料交叉比對。

這是台灣風電史上第一個把模擬和實測相互驗證的案例。

調查結果顯示，該型風機在歐洲設計，並不適合台灣多颱風的自然環境，結構強度明顯不足，購入時又因為採用最低標而非最有利標，選擇價格最便宜的款式，使得風機被強風吹倒。團隊建議，台電必須強化基座螺栓等結構，也得針對安全鎖定機制改善。

江茂雄解釋，風機即便在停機時，也需要電力將其維持在安全角度，但該風機運作時，恰好遇上停電，風機雖然配有小電瓶，但容量不足，也沒考慮到颱風導致的長時間停電，結果颱風主風還沒到達，風機就失去控制，從每分鐘20多轉飆升至40多轉，最終失衡倒塌。

淨零碳排驅動離岸風電興起

法院後來的裁定，以臺大團隊的這份關鍵報告為準，台電也因此決定與臺大長期合作，召集團隊進行深入調查，把風機倒塌風險降至最低。

不過，那時的台灣，對於風力發電還沒有那麼重視，一直到8年後。2014年，第二期「能源國家型科技計畫」啟動，風電發展重心從陸域轉向離岸。

2016年總統蔡英文上任後，由於主張「非核家園」，更積極推動離岸風電，儘管最初進展緩慢，但隨著2019年後，全球紛紛宣布淨零減碳目標，台灣也在2021年宣示將在2050年達成淨零轉型，台灣對離岸風電愈來愈重視，並加速推動。

事實上，「台灣在離岸風電的布局，比日、韓都早，」江茂雄認為，這得力於台灣海峽極佳的風場條件。台灣海峽地形如隧道般聚風，特別是在東北季風進入後會加速，風力條件穩定且強勁；相較於日、韓離岸風速每秒7～8公尺、英國北海每秒8～9公尺，台灣離岸風速可達10公尺以上。

有了如此得天獨厚的先天條件加持，加上政府淨零轉型的決心，台灣在2021年進入離岸風電大量建置期，截至2025年年初，已完成約3.7GW（百萬瓩）的裝置容量，共約370支風機，在全球排名前七，在亞洲更是僅次於中國，名列第二。

整體而言，台灣離岸風電發展，可分三大階段。第一階段「示範開發」，是在2020年以前，共有3個風場；第二階段「潛力場址」，是在2021年至2025年，共計14個風場；第三階段「區塊開發」，則預定在2026年至2035年。

「每個階段都有臺大團隊努力的身影，」江茂雄自豪地說。

第一階段始於經濟部在2012年推出的《離岸風力發電示範獎勵辦法》，由政府評選出適合的申請者並提供獎勵，而申請者則必須在時限內完成開發。隔年，3座風場獲選，分別是海洋風場（海洋公司）、台電第一期（台電公司），以及福海風場（福海公司），前兩者已經陸續商轉。

100%國產的半潛式浮動平台，名字取為「臺大浮台」。

當時台灣政策、法規都還不夠完備，為了讓產業起步，由政府提出高額補助，對每支裝置容量4MW（百萬瓦）的風機補助一半建造成本約6億元。但過程中因經驗不足，多繳不少「學費」，像是簽訂外國安裝船合約時，因為語言、法律不熟悉，導致後續出現設備故障而停工，使前兩支風機成本高達40億元。

第二階段則由經濟部在2015年公布36處潛力場址揭開序幕，而後在2018年遴選出10個風場，裝置容量共3,836MW，可用較高的躉購費率售電給台電，約高達每度5元，但會面臨較急迫的開發時程，也必須做出國產化承諾，亦即必須使用台灣製造的設備；另外還有4個風場，則是由開發者競價所得，裝置容量共1,664MW，開發商可自由採購零組件，不限國產，但電價僅約每度2.5元。

為了厚植國內風機零組件實力，經濟部也推出「離岸風力發電區塊開發產業關聯政策」，明列26個可國產化的設備項目，包括：水下基礎、塔架、風機零組件、葉片、組裝廠等，其中以水下基礎發展最成功。

到了第三階段，政府釋出15GW的離岸風電額度，但取消國產化要求。競爭此階段的風場，大致上包括3種類型：獲選第二階段且仍有剩餘容量的風場、通過環評但未獲選第二階段的風場，以及趕在選商前通過環評的新風場。

從第一階段到第三階段，離岸風電發展為台灣帶來大量外資，成為外資投資台灣僅次於半導體產業的第二大投資來源。在政策制定過程中，臺大團隊扮演第三方顧問角色，與政府智庫合作，也參與各類公聽會、政策討論，提供實證研究與專業意見，是導引政策往正確方向走的關鍵存在。

開發台灣自製浮動式風機

驅動政策之外，臺大團隊也和風電供應鏈密切合作，有技術需求的業者會找上團隊，而團隊也會尋找相關專業的學者支援，像是臺大團隊就曾經支援過國內供應鏈公司，因其想要進入西門子風力機系統供應鏈，卻在初次測試中因電纜發生扭轉斷裂而失敗，後來他們找到臺大團隊，協助分析材料設計、扭轉測試方法，發現內部結構強度、延展性皆不足，幾經設計修改、測試後，最終總算是順利通過測試。

走過兩個階段的離岸風電，電力綠色轉型逐步扮演重要角色，並穩健邁向第三階段。此時的關鍵驅力，是歐盟、國際能源總署（IEA）透過各種補貼、稅收優惠政策鼓勵的「複合式海域能源」，意思是在海上環境中，運用多種再生能源技術，提升能源生產效率，也增加能源供應的穩定性和韌性，包括：離岸風電、海上型浮動式太陽能、波浪能、綠氫生產等技術。

臺大團隊目前也正投入浮動式風力發電的研究與開發，並與離岸能源產業保持密切合作，希望能研發出適合台灣離岸環境的能源技術。

「浮動式風機的開發，最早來自英國、法國和日本，這些國家因海域水深超過60公尺，難以安裝固定式風機，因此投入浮動式風機技術開發，但台灣海峽多颱風地震等特殊條件，未必適用進口浮動式風機設計，於是臺大團隊決心自行開發風機浮台，」江茂雄解釋。

團隊、量產、資源三大難關待闖

然而，想法雖好，卻必須先克服三大挑戰。

江茂雄點出的第一個挑戰，是要自組團隊。

「國內缺乏具備完整技術能力的團隊，必須自組團隊，逐步建構技術能力，並延攬海外具備專業經驗的人才返台，」他說明，像是玉山學者馬開東，在美國加州大學柏克萊分校取得博士後，在美國石油業從事海上鑽油平台設計直到退休，擁有豐富實務經驗，團隊於是聘請他回台，成為臺大工科海洋系的專任教授。

另外，團隊也邀請在瑞典查爾姆斯理工大學（Chalmers University of Technology）取得博士學位，專長為離岸工程的楊舜涵教授回臺大任教。此外，還有從美國驗船協會（American Bureau of Shipping）退休的吳哲芳博士加入。「他們因為對台灣有感情，願意加入團隊投入研究、指導研究生，」隨著陣容逐漸充實，也讓江茂雄對本土浮動式風機的開發深具信心。

第二個挑戰，是從無到有，第一個機組原型設計開發不易。

浮動式風機必須針對不同地區有不同設計，團隊以台灣海峽離岸風場條件為基礎，進行浮台及繫泊系統設計及模擬分析，並在實驗水槽進行縮尺浮式風機實驗測試驗證。

過程中，台灣海域海象變化大、颱風頻繁，浮動式風機設計難度高，而且缺乏先例與產業鏈支援，試驗成本高，風險大，加上無法複製他國經驗，必須自行調整設計，並從國外研究汲取經驗。

「日本曾經在福島外海進行多個浮動式風機測試，」江茂雄提及，儘管測試結果多數失敗，仍可讓臺大團隊參考，避免重蹈覆轍。同時，臺大也結合土木、機械、海洋等跨領域團隊，採用階段性試驗策略，由模型推進到原型，並借助國外資料與模擬工具，提升設計效率與可靠度。

第三個挑戰，則是資源不足，必須仰賴外部合作。

譬如，臺大團隊與台船合作，把風電基礎結構納入其船塢製造計畫，設計上也考量台灣海峽的風浪與環境條件，如：基礎寬度設計為82公尺，正好是台船船塢的最大寬度。

這個100％國產的半潛式浮動平台，取名為「臺大浮台」（TaidaFloat），在團隊設計、模擬與不斷優化後終於誕生，配備強大的繫泊系統，可抵禦強颱，在極端天候條件下保持穩定運作，可以部署在水深超過60公尺的水域，大幅拓展離岸風電潛力。此外，藉由減少打樁產生的噪音汙染，臺大浮台對海洋生態系統也更加友善。

下一步，臺大團隊規劃在海上進行臺大浮台測試，幫助團隊更能理解浮動式風機在不同海況下的表現，以及如何因應不同海況、環境條件進行必要調整；同時，團隊也參加國際研討會，向世界展示台灣在海上風力發電領域的最新進展。

目前臺大已通過美國驗船協會ABS AIP認證，將爭取產官學研經費支持，進行實海域機組之測試驗證，以期趕上我國2030年以後浮式風機商轉建置之需。

跨域開設離岸風電學程

「臺大希望將台灣打造成亞太地區浮式離岸風電先驅，與歐洲並駕齊驅，」江茂雄言語中展露自信與期待。不過，他也坦言，要讓這個目標成真，還得具備完整人才，綠領、白領皆包括在內。

其中，綠領指的是現場操作、維護、安裝等技術性工作，通常是更加技術面、操作面的工作，必須取得的基礎證照是全球風能組織（Global Wind Organization）的基本安全訓練證照，確保工作者即便在風電施作等高風險環境中，也能自我保護；此外，綠領工作者也經常需要吊車操作、潛水作業的專業證照，在台灣主要由科技大學體系協助訓練，例如：臺北城市科大負責焊接技術培訓，建國科大、勤益科大等校則專注在風機建設與維運。

白領則涵蓋工程、管理、設計、財務、保險等職位，仰賴更高的專業、跨領域技能，「這也正是臺大人才培育的重點，」江茂雄談到，因此，臺大也整合工學院（工科海洋系、機械系、土木系、材料系、應力所、環工所、工工所）、電資學院（電機系）、理學院（大氣系、地質系、海洋所），推出離岸風電學分學程，並自2018年起開放申請。

親自領軍規劃離岸風電學程並參與授課的江茂雄觀察，這些課程不僅吸引對工程有興趣的莘莘學子，不少管理學院、社會科學院的學生也來修課。他舉例，海床調查、設計水下基礎，看似僅屬於地質學的一環，但在設置離岸風機時，可能因為不當設計或施工疏失引發重大事故，代價往往高達數十億元，涉及保險理賠與金融專業，必須深入理解風電的設計，才能有效評估每個項目的風險。

甚至連政治系學生，也來修讀離岸風電課程。江茂雄指出，不少外商希望人才具備與地方政府溝通、協調、合作的能力，也重視專案和財務管理；同理，透過離岸風電拓寬視野，也對政治系人才進入風電開發商跨領域的管理溝通能力有幫助。

離岸風電學程深受學生青睞的另一個原因，是和業界的緊密連結，不只邀請各大機構與業者與會，課程間也提供學生和國際專業人士互動機會，不少企業更直接從課程中尋找人才。

引進國際專業，賦能在地人才

除了離岸風電學分學程，臺大在人才培訓上也跨越國界，「台荷離岸風電種子師資培育計畫」便是重要里程碑。這項計畫是荷蘭在台辦事處、臺大能源研究中心從2018年10月起醞釀，到2019年3月，時任臺大能源研究中心暨工學院副院長的江茂雄，率領臺大團隊赴荷蘭與產學研單位會談，並獲得荷蘭政府全額支持。

2020年3月起，由荷蘭應用科學研究組織（TNO）、台夫特理工大學風能研究中心（TU Delft DUWIND）、荷蘭國家水文研究院（Deltares）等單位所組成的荷蘭人才培訓團隊，針對

臺大工學院推動台荷離岸風電聯合人才培育合作，跨越國界培養優秀團隊。前排右四為院長江茂雄。

台灣種子師資進行系統性培訓，課程由臺大能源研究中心、荷蘭團隊規劃。

讓江茂雄印象深刻的是，即使培訓期間遭逢疫情，導致荷蘭師資無法依照原定規劃來台實體授課，轉而以線上方式進行，課程討論熱度依然不減。歷時2年多的培訓，共有31位來自不同產、學、研單位的種子師資完訓，成為離岸風電領域相關人才。

一手促成這項計畫的荷蘭前駐台代表紀維德（Guy Wittich）表示，台灣建置離岸風電的過程，預估需要超過2萬個人才，透過把海事工程、離岸風場營運相關技術、知識移轉給台灣，可彌補台灣發展綠能最急迫的缺口。

另一方面，臺大也領軍離岸風電人才培育國家隊，執行教育部離岸風電人才培育計畫，結合虎尾科大、臺北城市科大、建國科大、勤益科大、高雄科大共5所科技大學，以及金屬工業研究發展中心、台灣營建研究院等法人單位，共同推動國內離岸風電人才培育，並將在國內設置兩大培訓基地。

第一培訓基地位在臺大工學院的工科海洋實驗室，著重在離岸風機、水下結構製造與維運，以及海事工程製造、操作課程；第二培訓基地則坐落臺大工學院雲林分部，結合在地夥伴虎尾科大師資共同推動，提供風力機製造、維運的在學與在職培訓課程，賦能更多在地風電人才。

擔任「教育部離岸風電人才培育計畫」執行長的江茂雄透露，第一培訓基地將會斥資千萬元安裝風力發電機，做為學生操作訓練設備，而且正在進行地基施工，預計在2025年完成設置。此外，臺大也持續引進更多水下監測設備，讓學生在校內就能模擬海上作業，減少畢業後到業界可能產生的學用落差。

大力支持這項計畫的臺大校長陳文章進一步表示，台灣離岸風電在地化政策，目標是創造離岸風電產業的本土完整生態環境和產業鏈，並培養在地專業技術、工程規劃、專案管理人才，讓本土產業具備進入國際新能源產業的技術實力與市場競爭力。

換言之，藉由「教育部離岸風電人才培育計畫」，將可使該目標往前繼續推進，而這項計畫不僅有助台灣離岸風電產業發展，也為台灣學術界、政府相關部門提供人才活水，而學界的專業意見也在企業發展過程中扮演堅強後盾。面對全球對風力發電的需求持續上升，這樣的正向循環更顯彌足珍貴。

風電、綠能與社區共好

放眼全球，「兩件大事使得風力發電受到的重視與日俱增，」江茂雄分析，先是2020年新冠疫情，導致各國港口封鎖、全球貨運物流大亂，使各國政府體認，再生能源在基礎建設完成後，不需要再進口燃料，有利確保能源安全；而後，2022年俄羅斯入侵烏克蘭，為減少對俄羅斯天然氣的依賴，英國、德國、荷蘭等歐洲各國政府大幅調升風電裝置容量目標，使全球風場開發加速。

火熱之餘，「全球各國都在爭搶風電人才和設備，」江茂雄慶幸，台灣已經擁有自己的供應鏈和部分船隻，在全球風電產業占有一席之地。

事實上，當場景拉回台灣，可以看見的是，國內正在積極建設大型離岸風電海事工程船舶，以滿足日益成長的需求，如：台船和比利時海事工程集團DEME Offshore共同合資組成台船環海風電工程，以建造重型浮吊船來執行海事工程業務。

此外，20年風電經驗還為台灣淬鍊出一項寶貴資產，就是

臺大團隊20年辛勤耕耘，為台灣寫下離岸風電新成就。圖為臺大浮台未來於實海域安裝示意。

風電、綠能與社區的共好機制。

早期離岸風電開發時，時常引起漁民抗議，憂心會對生態造成影響，導致漁獲減少。對此，江茂雄坦言，離岸風電開發固然會對環境造成一定影響，但與其他能源形式相比，破壞明顯較小；為了減少影響，政府和開發商也效法國外，提出補償機制，並探索如何把漁民納入綠能產業，落實「公正轉型」，讓每一個人都能從綠能轉型中獲益。

例如，離岸風場中採「箱網養殖」，即在海上利用固定構築的圍網體，在風電設施內的一定範圍內飼養大量水產動物，達到環境與經濟雙贏；而在苗栗的離岸風電場，則是透過開發商與漁會不斷溝通，並給予漁民適當補償、展開和當地社區合作，除了使項目得以順利進行，更促進社區永續發展。

江茂雄指出，韓國廣播公司（KBS）曾經來台採訪，製作深度報導，向台灣取經如何在風電開發上更順利，顯示台灣在風電的規劃上，對在地社會需求的重視、政策整合，比很多國家來得更成熟，「放眼亞太，我們其實是走在前面的。」

深耕風電超過20年，臺大團隊讓世界看見台灣在離岸風電的技術進展，也協助更多人才貼近國際趨勢。展望未來，江茂雄期盼，年輕一代非但要注重技術訓練，更要學習管理與國際合作，才能在瞬息萬變的全球激烈競爭中保持優勢。

文／陳育晟

染料敏化太陽能電池
提升轉換效率，擺脫鋰電風險

手機是現代人重要的生活工具，但電池爆炸的新聞時有所聞。
這個現象，臺大跨領域的科學家們看見了，
他們以二十年的堅持，開發出染料敏化太陽能電池，
一種更安全、環保的發電方式。

淨零減碳成為顯學的年代，比傳統燃油車碳排放量更低的電動車，成為不少關注永續人士的交通運具替代方案。然而，目前電動車仍以採用鋰電池為主，爆炸、起火意外時有所聞。2024年德州理工大學（Texas Tech University）研究也顯示，鋰電池在高溫或燃燒時，會釋放全氟和多氟烷基物質（PFAS），對環境造成嚴重傷害。

「除了鋰電池以外，是否有更安全，而且更符合環保價值的新型態電池？」不少人心中浮現疑問。

答案是：有，而且在臺大化工系、材料系、高分子科學與工程學研究所已研究多年，它就是「染料敏化太陽能電池」。

擔任該研究主持人之一的臺大化工系特聘教授何國川解釋，鋰是一種反應性極高的金屬，在濕空氣中迅速失去光澤，其熔點高，接觸水或氧氣時容易燃燒，而染料敏化太陽能電池所使用的種種材料可以選擇不含易燃物質，因此更安全，目前

沒有傳出任何爆炸或燃燒的案例。

何國川（左）與林金福（右）及林江珍共同申請「奈米國家型計畫」，研究染料敏化太陽能電池。

行動裝置與偏鄉的好幫手

什麼是染料敏化太陽能電池？簡單來說，它是一種模仿光合作用原理的電池，運作模式是靠光能驅動，而非傳統電池所依賴的自發性電化學反應。

這類電池中的「光陽極」是核心部件，相當於心臟，必須照光才能啟動，其表面會塗上多孔性材料，也就是由很多骨架形成大量微小縫隙的物質，這些物質會吸附染料，當染料吸收到光後，會被激發產生電子和電洞，電子會從光陽極流出，經過外部電路，到達對面的電極，陰極（又稱對電極）便負責接受光陽極來的電子，而電解質則在電池內部傳導離子，形成內部循環。

染料敏化太陽能電池和一般電池一樣，外部有電子循環，內部則是離子循環，差別是傳統電池是依靠化學反應產生電能，而染料敏化太陽能電池則是用光來驅動，模擬植物的光合作用，只要有光照，即便光線微弱，染料依然可被激發，並開始發電。

不過，這類電池無法做為主要能源。

何國川解釋，染料敏化電池的電壓和一般電池相近，約0.7伏特至1.2伏特，但輸出功率較低，電流也較小，無法提供電鍋、電動車等高功率設備所需電力；不過，話鋒一轉，他補充指出，若是3C產品、可攜式裝置，特別是在戶外露營，或是無法穩定供電的偏遠地區，確實可以派上用場；抑或者在夜間提供充電，或是供給收音機、手機等小功率家電用電，在急難救助、偏鄉資訊傳播都扮演了吃重角色。

謎一般的論文，讓大家黯淡了好多年

翻開太陽能電池發展史，屬於「第三代太陽能電池」的染料敏化太陽能電池，承載世人對於太陽能光電轉換效率的期盼。

第一代太陽能電池是以單晶矽為基礎，矽原子呈現高度規則排列，性質穩定，且光電轉換效率25%，但致命傷是製作成本高，製程能源消耗能量也大。

到了第二代太陽能電池，技術百花齊放，卻也各有優、缺點，例如：非晶矽薄膜電池，只要薄薄一層矽材料就可製作，大幅減少材料成本，但矽原子排列無規則可循，對光的反射率也較低，導致供電較不穩定；多晶矽則是由許多小塊單晶矽組合而成，製程簡單、成本較低，但光電轉換效率卻比一般單晶矽太陽電池更低；至於利用元素週期表中第III族、第V族元素組合成具有光電效應的元件，可吸收不同波長太陽光，能提高光電轉換效率至超過30%，但製作過程複雜，成本也太高。

第三代太陽能電池，它和前兩代不同，開始導入有機物、奈米金屬氧化物、甚至高分子等跨領域技術，且設計完全不同，例如：在材料使用上突破傳統窠臼，具有可撓性、質感輕、成本低廉、便於大面積製造等特色的染料敏化太陽能電池，就是其中之一。

「我們在三十年前就已經開始對前沿染料敏化太陽能電池做研究，」何國川說：「但最初卻是和一篇謎樣的論文有關。」

何國川猶記，染料敏化太陽能電池技術突破的首篇國際論文，是瑞士洛桑聯邦理工學院教授格雷策爾（Michael Grätzel）於1991年發表，臺大也在1995年開始相關研究，但因為不確定是否可行，只是小規模試驗，並未投入太多經費。

那段期間，何國川正式向國科會提出研究計畫，並請博士生指導碩士生做實驗，然而，從反應溫度、壓力、反應器設計，只要能嘗試的都不輕易放過，但還是一次又一次地失敗，全力投注兩年心血的碩士生差點無法取得學位。

甚至，失敗的不只學生，連教授也未能成功。直到一次參加在國外的研討會，何國川遇到一位熟識的瑞典教授，對方做實驗時，也遇到同樣的困境。他們深談後發現，問題可能出在材料或實驗條件不同，於是兩人開始互寄材料進行「盲測比對」。最終結果顯示，兩人各自測得的光電轉換效率僅1%～2%左右，遠低於1991年格雷策爾在論文所宣稱的7%。

後來，意外在某一天晚上他的一位博士班學生靈光一閃，跑過來跟他報告：「老師，會不會是因為原始論文沒有把實驗條件說明清楚？不然，怎會大家都一樣，即使照著步驟做，也無法成功。」那時，已經是2000年。

追尋7%效率之謎

「盲測的結果，代表這篇論文可能沒有公開完整的實驗條件。」何國川更加篤定原本與學生討論後的推論。當時所有團隊腸枯思竭，光電轉換效率還是無法顯著提升，何國川告訴他們：「你們不是研究失敗，而可能是工具用錯了，或許原本文獻上7%至8%的光電轉換效率，可能有誤導。」

高分子材料在染料敏化太陽能電池發展中扮演要角，這類研究正是林江珍（前排左三）的專長。

因此，他決定投入更多資源改變反應系統，把原本的不鏽鋼反應鍋改為要價50萬元的鈦金屬反應鍋。

何國川解釋，研究染料敏化太陽能電池時，反應容器若用不鏽鋼材質，高溫、酸性環境中產生的雜質會干擾反應，影響最終效率；但若使用鈦鍋，因為氧化後會形成二氧化鈦，正是反應所需要的材質，反而沒有雜質干擾的問題。

這個關鍵，1991年格雷策爾的論文並未明說，只寫了「autoclave」（滅菌釜），但一般人理解為不鏽鋼高壓鍋，導致實驗失敗；而在改變反應鍋材質後，最終，他率領的博士生、碩士生團隊，歷經近4年努力，終於成功製作出符合預期效率的染料敏化太陽能電池，首篇論文在2005年問世。

經過團隊的努力，臺大工學院在染料敏化太陽能電池的研究成果有所斬獲。

推動奈米國家型計畫研究

當時，染料敏化太陽能電池的光電轉換效率還無法達到10%，光電反應有時也不太容易發生，需要搭配特殊的觸媒材料協助，但中技社看見這個領域的潛力，提供兩年（2003年至2005年）總額超過300萬元的資助計畫，支持何國川團隊繼續深化高性能染料敏化太陽能電池之研究。

2007年時，何國川進一步和臺大材料系教授林金福、高分子科學與工程學研究所教授林江珍，共同申請為期3年的「奈米國家型計畫」，每年約有500萬元經費。

「和過去一至兩年的短期計畫相比，這項計畫讓我們可以進行較長期研究，而且3位計畫主持人分別來自不同領域，分進合擊發揮互補優勢，逐漸建立臺大工學院在染料敏化太陽能電池研究的特色與地位，」何國川興奮地說。

不過，「這一項研究，其實是積極回應業界訴求的結果，」

他回憶在2007年時，台灣南部有一家公司希望把太陽能電池嵌入玻璃當成天窗使用，卻擔心液體電解質會因玻璃碎裂而洩漏，因此團隊開始研究更安全、不會洩漏的膠態與固態電解質。

打破學界迷思

「在三大系所團隊合作下，發現膠態電解質製成的太陽能電池，光電轉換效率竟然比液態更好，」何國川說，這個發現不只顛覆他們的假設，更和傳統認知不同。

他解釋，液態電解質理論上效率會更高，因為較黏稠的膠態會限制離子游動，導致效率較低，但實驗結果恰好相反，「連論文的審稿人也多次質疑，但團隊經過多次精準、深入量測，確認數據正確，也打破學界長期以來的想像。」

太陽能電池主要追求的兩大指標，分別是「效率」（指電池把光轉為電的能力）與「壽命」。液態電解質雖然效率高，但容易腐蝕材料，導致壽命較短。

反之，固態電解質雖然壽命長，但效率卻通常較低。然而，經過合成與優化的膠態電解質卻可以達到高效率、長壽命，具備過去被認為無法兼得的兩大優勢。

隨著這項研究在2009年發表，陸續有多位臺大工學院博士生以此為題發表論文，把臺大工學院在前沿染料敏化太陽能電池研究的領先地位，再往前推進一步。而能夠有此斬獲，何國川歸功於3位計畫主持人及其研究生團隊跨領域協作和材料技術整合。

以高分子材料見長的林江珍，開發高分子分散劑及奈米矽片（NSP），將白金、奈米碳管等材料均勻分散，而林金福則研發出新型添加劑，使液態電解質能轉變成膠態或固態，同時具備良好離子導電性。「這些材料在加入後，可能會帶來某些副作用，但若能掌握適當比例，就會把好處放大，抑制壞處，」在實驗中小心拿捏各項材料比例的何國川強調。

帶動新一波固態電池熱潮

膠態電解質研究成功之後，團隊和國內材料大廠長興化工合作，進一步提升應用可行性。然而，何國川發現，這項突破使學界對太陽能電池的發展，開始分出兩大方向——追求效率或壽命，但對產業界來說，比起效率，更重視的是壽命和成本效益。

「產業界認為，即便效率略低，也可用多組電池串並聯方式補足，」何國川指出，這樣的思維，促使國內外企業爭相投入、轉投資固態電池領域，造成新一波固態電池熱潮。

在業界推動這波固態電池熱的推手之一，固態電池大廠輝能科技創始人暨執行長楊思枬，目前擁有超過500項全球專利，涵蓋了高分子工程、材料科學、電化學、固態化學、製程創新等領域，他正是研究主持人「三巨頭」其一，林金福的得意門生。

楊思枬研究聚電解質分子在溶液中的結構型態及導電性，畢業後自行研發，創立輝能科技公司，該公司研發的固態電池技術，受到賓士等主要車廠認可，並在2022年年底開始運行全球首條百萬瓩時（GWh）等級固態電池量產線，而楊思枬也自許，希望能朝向成為全球規模最大、最創新、最永續的固態電池供應商邁進。

面對局限與挑戰

從染料敏化太陽能電池，到膠態、固態電解質，再到固態電池，前沿太陽能電池的研究雖持續推進，但何國川坦言，染料敏化太陽能電池未來的發展方向仍有局限和挑戰。例如，在電動車的應用，就算以串聯、並聯方式增加電壓與電流，在陰天或下雨時，仍可能因發電功率太小而無法讓車子持續運行。

不過，弱光、需要小功率發電的環境，反倒是染料敏化太陽能電池的擅場。何國川舉例談到，像是在室內、低光源環境使用的消費性電子產品、輕量可攜式裝置，就很適合用這種方式發電，因而染料敏化太陽能電池未來的發展方向，應會朝向柔性塑膠基材發展，而非與較厚重的玻璃結合。

然而，不管是哪一個方向，都充滿挑戰。何國川解釋，染料敏化太陽能電池與玻璃結合，雖能以高溫製程使材料穩定黏附在導電玻璃表面，但玻璃較重，不適合攜帶；至於柔性塑膠，則需要採用攝氏160度以下的低溫製程，這讓光電轉換層的製作更困難。過去，絕大多數研究者使用的是玻璃高溫製程，若要轉向低溫製程，所有步驟都需要重新設計。

另一個染料敏化太陽能電池面臨的挑戰是，壽命較短、回收不易。何國川分析，這類電池壽命約10年，而且如果含有貴金屬成分，拆解與分離工序困難，因此在環保回收上不但沒有優勢，反倒可能因頻繁更換而加劇回收困境。若無法解決這項痛點，染料敏化太陽能電池並不容易廣泛應用在家用太陽能系統中。

儘管如此，仍有不少學生投入這個領域。「雖然不容易，還是有一半學生願意學習，因為染料敏化太陽能電池是光化學與電化學的結合，很有挑戰性，」何國川帶著欣喜眼神說。

臺大研究能量高居世界第二

「對老師而言，我們最苦心雕琢的產品，不是染料敏化太陽能電池，也不是膠態或固態電解質，而是一個個培養出的人才，」何國川執教杏壇超過30年，培養約32位博士生，其中有10位選擇踏入教職，並在臺大、臺師大、北科大、臺科大、長庚、成大、淡江等校任教。

執教杏壇30年，何國川（左四）認為，培育出一個又一個的人才，是身為老師最重要的成就之一。

甚至有建中學生來信，希望他指導科展，他也完全不藏私，願意提供設備協助學生。他的點滴努力，在全台串成「太陽能電池學術研究鏈」，是台灣相關研究在國際間受到矚目的重要後盾。

德國弗勞恩霍夫太陽能系統研究所（Fraunhofer ISE）2014年曾經做過評比，發現臺灣大學（含工學院、理學院、電資學院等）在染料敏化太陽能電池研究雖然起步較晚，比起最初的瑞士研究足足晚了近10年，但在全球研究成果卻排名第二，研究能量超過中國大陸、日本，甚至是德國。

「台灣能有如此亮眼成績，就是因為我們有足夠優秀，而且充滿競爭力的人才，」何國川強調。

競爭力的來源，是一份願意在領域還沒成為顯學時，就毅然投入的決心。何國川印象深刻，在美國攻讀博士時，遇到一位影響他日後治學思想深遠的恩師——他的指導教授喬恩（Jacob Jorné）。喬恩攻讀博士時，正逢太空科技興起，因而選擇太陽能電池做為研究主軸。

但卻很快碰上油價下跌，太陽能市場乏人問津，研究經費短缺，於是只好轉換研究領域。喬恩以自身經驗告訴何國川，「不要等到大家都需要的時候才做研究，一定要在被需要以前就開始投入研發。」

這也是他執教30年不曾改變過的中心思想。「研究一定要靠興趣，不要因為『現在很熱門』才去做。因為興趣可以驅動你持續投入，即便一開始冷門，但憑藉創意與不懈的努力，一定可以在未來開花結果，」何國川語重心長地說。

讓光，照得更遠

正因如此，研究的原創性也是他奉為圭臬的準則。

曾有高中生請何國川指導科展，但他拒絕提供創意：「科展的重點在創新和自主發想，我可以幫忙提供設備，但不能提供想法，因為創意是研究者最重要的智慧財產。」

談起研究，雙眼不斷燃燒熱情的何國川指出，雖然1990年代留學回國的學者正處於退休潮，當年「奈米國家型計畫」的3位主持人，有2位已退休，但是傳承不會就此中斷。

林江珍於2018年自臺大退休後，在中興大學育成中心創立J&A與矽牧公司，繼續推廣矽片商業運用於農業（減少農藥使用／促進農作物生長）以及畜產業（減少抗生素使用／促進家禽雞鴨抵抗禽流感等功能），學術研究成果持續貢獻人類健康，以及食品安全領域。而林金福則在2017年退休時，獲頒馬奎斯世界名人錄終身成就獎（Albert Nelson Marquis Lifetime Achievement Award）。

而何國川自己在2026年也將退休，但他相信，在臺大工學院這片他曾揮灑過青春與熱血的染料敏化太陽能研究王國，一直不斷會有跨領域的新血加入，未來會有更多新一代學者，持續用熱情感染更多學生，讓學生願意把這個有機會點亮世界的領域，當成一輩子的志業。

文／陳育晟

推動都市改革與居住正義
迎向更公平永續的未來

從「夜宿忠孝東路」的無殼蝸牛到進入政策面的社宅聯盟，
30多年來，臺大建城所師生不只高喊居住正義，
更用行動打開政策的大門，翻轉城市的樣貌，
用知識的力量走進人們生活，畫出都市改革的實踐藍圖。

住宅，是台灣社會沉重的議題，即使「居住」是基本人權，但高房價、買不起房子、無法安居，已經有很長一段時間是無數升斗小民的困境。

1989年，臺大建築與城鄉研究所的師生與民眾合作，發起「無殼蝸牛」社會運動，從此開展關乎居住正義與都市改革的36年長路，藉由倡議、串連、行動，逐步推動國家政策的改革、機制的建立，展現學術實踐的力量。

無殼蝸牛吹起號角

1980年代中期，台灣經濟開放、投資風潮興起，國民所得快速成長，帶動房價飆漲——台北市原本每坪不到10萬元的建案價格，短短幾年連翻數倍，買不起房子成了都會區受薪階層的惡夢。

1989年5月，一群小學教師決心自救。他們找上臺大建城

1989年約5萬人夜宿忠孝東路，被認為是第一起台灣都市社會運動。

所，一同發起成立「無住屋者團結組織」，以「無殼蝸牛」做為運動的象徵，組織一系列抗議高房價行動，要求政府抑制房價炒作、落實住者有其屋。

8月26日晚上，5萬多人一起睡在台北市房價最高的忠孝東路馬路上，大規模群眾的支持與動員，吹響住宅政策改革的號角，無住屋者團結組織發起的「萬人夜宿忠孝東路」行動，也被認為是台灣社會第一起都市社會運動。

當時建城所才成立1年，但高度重視教學與社會的連結和專業實踐，師生們走出校園，包括：夏鑄九、王鴻楷、華昌宜、陳亮全等多位教授，都是無住屋者團結組織的核心參與者，一起投入運動的學生張景森、曾旭正、陳志梧、陳冠甫、呂秉怡、徐進鈺等，後來也成為台灣政界、學界和民間的都市改革重要推手。

讓集體力量組織化、長久化

臺大建城所副教授黃麗玲當時是臺大哲學系的學生，常到建城所旁聽，積極參與無殼蝸牛行動，不久後進入建城所就讀碩士班與博士班。

她回憶，夜宿忠孝東路的行動，引發很大的社會和媒體效應，但師生們認為，「住宅議題不該只是曇花一現的運動。」而且，當時政府的回應並不具體，即使宣稱要興建每坪6萬元的國宅，也必須被持續監督，建城所決心從社會運動進展到成立民間組織，讓集體的力量組織化，進行持續的倡議、行動與政策監督。

從一次性的運動到成立長久的組織，對建城所是很大的挑戰，但師生們很堅持。黃麗玲指出，建城所教育的主軸，包括：都市研究、都市政策和都市規劃，而研究、規劃、政策三者互相連動，學生要有做好都市政策和都市規劃的能力，不能只關在學術的殿堂裡面做都市研究，「走出校園的圍牆，親身參與運動或議題，讓學生從中了解現實情況，學會溝通與解決，是對學生很重要的訓練，因為規劃是一種最終要討論到執行與實踐的學科。」

常設性的組織，正是建城所教育的實踐。

1992年，一部分建城所師生成立「OURs專業者都市改革組織」（Re-s代表著Re-design、Re-plan、Re-build、Review、Revolution等改變的取向）和「崔媽媽租屋服務中心」。前者，是台灣第一個以都市空間改造、政策議題批判為主軸的非政府且非營利組織；後者，則是在之後轉型為崔媽媽基金會，長期致力維護租屋者權益，提供法律服務，健全市場機制、減低租屋者風險。

黃麗玲表示，建城所是OURs和崔媽媽租屋服務中心的主要倡議和行動者，但組織成員並不限定為建城所師生，例如，中原大學建築系教授喻肇青就是OURs的重要成員，其他還有規劃顧問公司的專業人士、立法院法案助理，後來都加入OURs，形成具有多樣化影響力的網絡。

抗爭，是為了促成政策改變

隨著建城所博士班學生畢業後到其他大學任教，1990年代，居住正義與都市改革的理念逐漸蔓延到其他學校，影響更多年輕一代的學生，力量日益擴散與深化。

無住屋者團結組織為民眾發聲，抗議房價始終居高不下。

夜宿忠孝東路之後的許多年，建城所與OURs、崔媽媽不再發起大型的社會運動，甚至一度被外界認為，這兩個組織已然沉寂消失，但實則不然。

「住宅運動一直都是我們的核心，我們持續關注參與都市開發、都市更新、歷史保存等各類都市課題，同時進行公民教育，這些都是組織擴散和扎根的關鍵，」黃麗玲說，例如，OURs投入安康平宅改建、紹興社區都更、三鶯部落異地重建等景觀保存與弱勢居民扶助，崔媽媽辦理租屋法律服務，都是建城所關心都市保存多樣化、居住者生存權利與城市創新的具體行動。

黃麗玲也指出，有很長一段時間，外界只看到OURs針對某一社區的單點行動，而非整體的社會政策，其實並非如此；在那十幾年裡，建城所持續投入政策面的倡議，例如，《都市更新條例》重視產權所有人的權益，但對於非產權所有者和公共利益的討論非常少，經由一次次的社區案例，建城所發現，過去許多都市規劃的想法與價值，需要被挑戰、被改革。

「在很多場合表面上看起來是我們在反對、甚至抗爭，但後面更多的是對現行制度和執行方式的討論，最後促成政策的改變，」黃麗玲說，就像寶藏巖社區保存，正是典型成功案例。

從「買得起」到「住得起」

當建城所、OURs和崔媽媽持續為不同的案例奔走努力之際，台灣的房價依然飆漲。

2010年，主計處公布家庭收支調查報告顯示，全國收入最頂端5%的家庭與最底層5%的家庭相較，兩者貧富差距達66倍，創下歷年新高；同時，國人的平均薪資所得倒退至1997年水準，房價卻飆升至歷史新高，台灣人買不起房子的壓力日益沉重。

眼看著房價高不可攀，政府對居住政策長期不作為，OURs決定，繼1989年的無殼蝸牛運動之後，再次展開新一波全面性的住宅運動，並結合其他民間團體一同參與，要用集體的力量推動政府在居住政策、法令制度的變革。

其中最重要的是，2010年OURs與智障者家長總會、身心障礙聯盟、老人福利推動聯盟等十多個社福團體共同組成「社會住宅推動聯盟」，展開社會住宅（Social Housing）的倡議，宣告新一波住宅運動模式的誕生。

黃麗玲表示，台灣的住宅市場長期以來發展不健全，OURs過去的焦點集中在「買房」問題，推動可負擔房價、抗議高房價，要求政府控制住宅市場，但後來逐漸感受到瓶頸；2009、2010年社福團體一起加入住宅運動後，開始思考把目標轉移到住宅來源的其他可能性，運動目標從「買得起」轉移到「住得起」。

推動社宅，解決弱勢人民居住問題

十幾年前，社宅在台灣是很新的名詞和概念，但在歐洲已有百年歷史，又稱「社會出租住宅」（Social Rented Housing），是指政府（直接或補助）興建或民間擁有合於居住標準的房屋，採取只租不賣模式，以低於市場的租金或免費出租給所得較低家戶或特殊弱勢對象的住宅，也就是由政府扮演住宅市場外的補救角色，提供社宅來解決弱勢人民的居住問題。

21世紀初期，社宅已成先進國家住宅政策重要的一環，黃麗玲指出，台灣社福團體長期協助弱勢者，也開始以社宅為目標，再加上當時台灣「福利國家」的聲浪興起，社福領域和住宅領域開始緊密結合，社福的概念涵蓋弱勢群體的「住宅優先」（Housing First）策略，要讓弱勢者先享有住宅安定，才能調適身心，進而融入社區與社會。

2011年，社宅聯盟舉辦台灣第一屆社會住宅國際研討會，邀集荷蘭、美國、韓國、日本等國的專家學者來台分享經驗，對社宅聯盟產生關鍵的啟發。不久後，建城所與OURs進一步與鄰近的日本、韓國大學與住宅相關團體交流合作，成立東亞包容城市網絡（East Asia Inclusive City Network, EA-ICN），持續針對居住福祉課題，進行相關研究、居住權倡議和制度改革。

EA-ICN很快成為台灣有關社宅與居住福祉的知識創新研究網絡，之後開啟OURs與日韓的緊密互動，「尤其是韓國的社宅模式（2011年韓國社宅已占韓國整體住宅的6%），韓國相關的公部門不但積極分享經驗給OURs，他們的做法更影響了台灣的公部門，」黃麗玲說。

譬如，她記得2011年在韓國國土研究院擔任訪問學者時，很好奇韓國有實價登錄制度，沒想到引來韓國學者驚訝反問：「你們台灣沒有？」甚至，她還發現韓國當時已經開始討論房租管制的政策，但台灣卻沒有人談。

「我們從1989年的街頭運動，經過10多年，跳躍到與國際的連結，」黃麗玲指出，向國際取經是非常關鍵的，而建城所發揮學術的專業與責任，把國外經驗帶回台灣，積極倡議、影響政策改變。

社宅聯盟從2010年8月成立後，積極展開各種遊說和倡議行動，包括一系列公聽會、記者會、研討會，並拜訪包含時任總統馬英九在內的政府官員與民意代表。

遊說倡議，促成立法革新

從1989年的街頭運動，到此時已經20多年，終於，社宅的理念逐步擴散與生根，馬英九在2010年年底承諾推動社宅，並指示行政院成立專案小組，行政院隨即規劃「社會住宅短期實施方案」，計劃推動台北市及新北市5處試辦基地興辦1,661戶社宅。

2011年12月，立法院三讀通過《住宅法》立法，社宅有了明確的法源，得由「政府興辦」或「獎勵民間興辦」；同時間，攸關不動產資訊公開的實價登錄三法——《不動產經紀業管理條例》、《地政士法》及《平均地權條例》，也修法過關，2012年8月1日起台灣正式施行實價登錄制。

接下來的兩、三年，雙北地區日益重視社宅議題，台北市與新北市政府著手興建或改建；到了2014年，社宅議題已逐漸獲得全台各地政治人物的重視，台灣大眾對社宅的呼聲也愈來愈高。

尤其2014年年底適逢九合一縣市長選舉，2016年1月又有總統大選，社宅聯盟擴大結盟，宣布「無殼蝸牛全面演化，啟動新世代巢運」，進一步提出推動租賃專法、房產稅制合理化等改革要求。2014年10月4日，更重回街頭，發起夜宿仁愛路

OURs成員自行組團前往荷蘭參訪，考察社會住宅的發展政策。圖中為黃麗玲。

（帝寶前）行動，當晚有近萬民眾參與，引起各界重視。

「2014年和2016年兩次大選，對社宅政策的推動很關鍵，」黃麗玲不諱言，選票壓力下，先是2014年1月行政院核定「社會住宅中長期推動方案暨第一期實施計畫」，提出10年興辦10萬戶社宅的目標，各地政治人物也漸了解社宅對民眾的重要，九合一選舉後，有12位直轄市及縣市首長當選人提出社宅政策，規劃就任後的4年到8年將提供近9萬戶社宅。

但OURs與社宅聯盟並不以此為滿足，仍持續監督政府，推動重要的法案與政策，讓住宅相關政策更完整。2014年之後，再次成功推動《住宅法》2016年和2021年的兩次修法、不動產實價登錄制度2021年修法、房地合一實價課稅2015年修法，以及租賃專法《租賃住宅市場發展及管理條例》在2017年

立法，將租屋納入規範。

建城所長年與社福團體合作推動社宅運動，為弱勢民眾的居住問題發聲。圖為板橋民權青年社宅。

崔媽媽在另一端努力

OURs致力社會住宅與弱勢者居住權的同時，建城所師生一手創建的崔媽媽基金會，也以不同的身影為住宅正義努力，從維護租屋權益的宗旨出發，長期幫助弱勢者租屋、提供法律諮詢、推動搬家公司評鑑制度，近年更成立社會企業「崔媽媽蝸牛租屋」，開辦「社會住宅包租代管」計畫。

這項計畫是由崔媽媽承租民間住宅，與房東簽訂包租約後，再以二房東的角色將住宅轉租給經濟或社會弱勢的房客，並居中管理住宅，透過「包租」與「代管」兩種服務，讓房東和房客的權益都獲得保障。

「建城所的教育強調與社會的連結，『崔媽媽』正是典型的成功案例，」黃麗玲認為，「當OURs在前面搖旗吶喊時，崔媽媽用另一種形式，默默地實踐著社會正義、民主參與和協助弱勢，」所以，她說，像崔媽媽基金會執行長呂秉怡，年輕時原是投身無住屋團結組織的建城所學生，後來參與基金會創辦，從此崔媽媽成了他人生第一個，也是迄今唯一的工作，大半生都在為弱勢者的居住權益奮鬥，實踐著建城所教育的核心信念。

黃麗玲也提到，走過30多年，崔媽媽基金會的成員不再只局限於建城所，工作成員來自各領域，還有許多各行各業的大眾認同崔媽媽，投入志工團，「這是建城所對台灣社會的影響，也是理念與力量的擴散。」只不過，擴散的星火幾次險些熄滅。

在倒閉的邊緣存活下來

「其實，一開始我們也沒想到OURs和崔媽媽可以做這麼多事、存活這麼久，因為我們始終很窮，」黃麗玲笑說，兩個組織的背後都沒有財團奧援，全靠小市民捐款，以及承接活動或研究案來開源。

黃麗玲最難忘1996年她接掌OURs祕書長，沒幾天竟發現，整個組織只剩下14萬元，這麼一點錢還包括要支付她和另外1位專職工作人員的薪水與房租，她評估認為14萬元最多只能撐2個月，後來全力爭取研究專案來開源，才讓組織活下來。

「其實這是一直在發生的事情，每年都覺得組織要倒閉了，」她說，好幾次覺得OURs快撐不下去，也問過理監事是不是就把OURs結束，但當時的理事長喻肇青總是說：「我們不能散，一定有辦法撐過去。」

後來，OURs開始推動社宅倡議，還是一樣窮，再加上社宅議題初期不受社會重視，組織成員的士氣低落加上財務吃緊，讓OURs肩負更沉重的壓力。

然而，懷抱著對都市改革與住宅政策的堅持，OURs 30多年來一次次走過難關，靠著專職人員減薪、組織縮編、換租便宜的辦公室，再加上募款、努力爭取公部門委託研究，總是在「倒閉」的邊緣又存活下來。

缺錢之外的另一個難題，是在政策推動過程中，政府的不動如山，以及政治人物的搖擺。黃麗玲舉例，部分民選縣市首長的社宅政策，在第二次任期時和第一任時明顯不同，他們會因為不再有選票壓力而否定前面4年的承諾，進而延宕推拖。

「這讓我們很挫敗，但不會被打敗，」黃麗玲說，長期下來，不論是建城所師生或OURs、崔媽媽，已不會對政治抱有幻想，反而更清楚自己的使命，除了倡議政策，更要持續監督政府和政治人物，並將具體的監督成果公布給社會大眾知道。

城市經由我們的行動改變

2024年秋天，OURs獲得第三十一屆「東元獎」人文類獎，這個由東元科技文教基金會舉辦的獎項，歷來得主都是個人，OURs是首次獲獎的團體，獲獎評語為：

「都市改革組織」（OURs）長期關注市民參與、住宅正義、歷史保存和社區營造等議題，藉倡議、組織串連和政策遊說等促成改革，彰顯社會的公平正義價值與調適力。

黃麗玲說，「東元獎」對OURs有著很重要的意義，因為這次徵獎主題是永續，得獎意味著OURs回應了聯合國永續發展目標（SDGs）的終結貧窮、永續城市與社區，以及和平正義與強韌的制度，影響居住權、都市與人權等觀念與具體政策，達到聯合國的願景，這些也正是建城所致力的目標。

從1988年到2025年，建城所師生們實踐著「專業為人民服務、權力與人民分享」的信念，推動國家政策的進步，保障許多弱勢者的生存權，影響台灣居住權、都市與人權等觀念與政策的推動，成為落實大學社會責任的最佳標竿。

「讓我們的行動，參與城市的改變，創造城市的改變，」黃麗玲說，建城所堅持的價值不會改變，OURs與崔媽媽會延續著都市改革與住宅運動的香火，建城所一代接一代的師生，會不斷接棒傳承下去。

文／邵冰如

搶救寶藏巖、蟾蜍山
守護公共歷史的庶民生活經驗

不是只有屋子值得留下，生活其中的人更有故事。
從搶救寶藏巖到保存蟾蜍山，
臺大建城所讓歷史聚落得以保存並轉化為具有文化價值空間，
也讓學生們真實經驗了如何學術與社會現場共存。

寶藏巖，一個藏身在台北市西南角落的特殊景觀聚落，大半個世紀前，許多歷經顛沛流離的弱勢人們在此自力打造家園，但20世紀末，這裡一度被視為破敗的違法建築群，面臨拆遷危機。

所幸，臺大工學院建築與城鄉研究所的師生們走進寶藏巖，展開搶救行動，讓寶藏巖得以保存、活化與重生，居民得以續留家園，成為充滿人文藝術風情的珍貴景點。

一樣的公館，不一樣的景致

寶藏巖位於台北市中正區的西南端，小觀音山南側與新店溪河岸間，名稱來自當地佛寺——寶藏巖觀音亭。1949年，部分跟隨國民政府遷台的外省軍人與眷屬，在此依著山形自力建屋並形成聚落，之後陸續湧入其他城鄉移民與都市原住民等社會弱勢族群，全區最多時有兩百多戶，逐步打造一連串的非正

建城所從更宏觀的角度去看都市的演變和歷史，寶藏巖即是一例。

式建築群。

隨著大台北地區的發展，1970年代，寶藏巖周圍的公館地區成為臺大的生活圈中心，也是通往新店、永和、木柵的重要交通樞紐，形成一處繁華商圈。相較於公館商圈，寶藏巖社區因為限建與地狹人稠，發展停滯，社區外貌與周遭城市景觀相當不協調。1980年夏天，台北市政府把寶藏巖正式劃入臨水區的297號都市計畫公園用地，展開拆遷該地所有違建的計畫。從此，居民陳情不斷，拆遷行動一延再延。

轉眼，18年過去，北市府在1997年展開住戶安置方案，寶

康旻杰認為，建城所的教育目標是培育代代接棒的年輕人，持續推動都市改革。

藏巖的特殊景觀也在此時逐漸受到學界與文化界的關注，臺大建城所是其中最關鍵的角色。

培育了解並關心都市聚落的世代

「了解並關心都市聚落，一直是建城所的重要方向之一，寶藏巖充滿歷史和文化意義，我們不能坐視，」一路參與寶藏巖搶救工作的臺大建城所所長康旻杰，提起寶藏巖，充滿堅持。

建城所草創之初，即希望對台灣本地的特殊空間問題、城鄉合理發展、社會公平正義、理論及實務參與，展現新的思維，寶藏巖聚落保存的定位與出路，正是建城所關心的方向。

康旻杰指出，台灣慣常的土地開發文化中，弱勢族群常被忽略，但對一群在寶藏巖有房無地、自力建屋乃至生根、繁衍第二代的居民來說，寶藏巖是安身立命的家園，充滿情感與認同。所以，建城所的立場是，這群居民不應被忽視，更不該因為急迫的公共設施闢建或者土地重劃，在缺乏妥善安置的處境下遭到無情迫遷。

雖然有些建城所的學生很早就賃居於寶藏巖，並做過初步聚落社會研調，但事實上，一直到1997年9月，建城所師生才正式進入寶藏巖，並組成寶藏巖社區工作團隊。經過田野調查和居民訪談後發現，正如許多國際大城市，像寶藏巖居民這樣的政治移民或城鄉移民，在發展過程當中沒有能力購屋置產，政府也無力照顧，必須自力救濟，在都市邊緣的公有閒置土地落腳，設法建屋定居，雖占用公有土地，某種程度卻是幫都市解決了可能引發的大規模無家者問題。

而且，寶藏巖的居民之間，還有著一般社區少有的文化剖面。康旻杰說，寶藏巖沒有社區發展協會之類的組織，居民看似混雜，但彼此之間依賴共存，例如，他們常常一起吃飯，叫做「一家一菜」，「你家拿炒米粉，我家出菜頭粿，他家送來山東饅頭，甚至有原住民端出部落特色料理。」

從戰後政治移民到城鄉移民，每個家庭來自五湖四海的不同原鄉，匯聚到一個小小的場域，包容性非常大；再加上，聚落居住空間是隨時間演進、集體自力營造的形式，景觀特殊，因此不論從建築、社會文化來說，都形成戰後鮮明的自發性聚落實體，呈現出非血緣都市聚落的有機樣貌。

但，1980年代起，寶藏巖被貼上「違建」與「占用公家土地」的標籤，政府部門依都市計畫土地使用及建築法源基礎，提出建物與居民不應續留的主張。

珍惜各種在城市有生命經驗的人

建城所從另一個更宏觀的角度，去看都市的演變和歷史。康旻杰提到，他們思考的是，寶藏巖社區到底是都市的負債？抑或都市歷史的一環？可以轉化成一種資產嗎？更進一步，寶藏巖社區是公共歷史（public history）的一環，公共歷史不能排除庶民，更不能摒棄弱勢的少數人。顯然，建城所對搶救寶藏巖責無旁貸。

反覆思考與討論後，建城所的師生們決定，用「文化資產」來定位寶藏巖。

「我們的學生有種滿厲害的能力，從僵局中尋求突破，在僵硬的地盤中找到裂縫，」康旻杰自豪地說，寶藏巖面臨各種法令制度的牽絆，建城所著手尋找另類的路徑，即使寶藏巖是都市計畫的公園用地，師生仍不放棄找出路，在都市計畫的框架下，探索如何讓這裡成為台北市值得且真實的文化資產。

當然，讓違法建築成為文化資產，不論是論述或行動，對建城所師生都是很大的挑戰，更是一場另類的空間專業實踐。

師生們展開各方面的努力，希望根據《文化資產保存法》，將寶藏巖指定為可迴避建築法規且免拆除的「歷史聚落」，重新詮釋寶藏巖乃都市公共歷史不可或缺的重要環節。他們堅持，這裡的居民是不能被遺忘的一群人，台北市要有更大的包容力，接納和珍惜各種曾經在城市中有過生命經驗的人們。

在僵硬之地找到裂縫

建城所對於寶藏巖的行動，常被部分人士認為是「反對」或「搞社運」，但康旻杰強調，建城所在努力過程中不能違法，必須以既有的法源與制度說服公部門，也因此，「對話」與「溝通」格外重要，這也是建城所教育中的核心。

首先，要突破北市府對寶藏巖「公園用地」的定位。

康旻杰指出，公園有其公共性，人人可入，但寶藏巖若要成為一個能被保存且有住民的聚落，就代表某種程度須是私人的住家，必先鬆開「公園用地」的都市計畫緊箍咒。

同時，建城所試著從美學的角度去詮釋寶藏巖。

雖然它不是一般認知中精雕細琢、匠人打造的華美老建築，但其美學來自其本身的社會學——整個景觀聚落是戰後初期最底層的社會，一群人為了生存，用僅有的資源，胼手胝足集體形塑的家園，一磚一瓦、一草一木，都有著濃厚的時代意義與歷史價值。

另一方面，建城所也爭取保留寶藏巖聚落的「原真性」。

康旻杰解釋，原真性來自於原來居住者的生活，搶救寶藏巖的目標定位在「留屋留人」，因為台灣很多歷史文化建物只保留建築或社區，原居民卻全部遷出，只剩下物質環境，而不是社會環境，唯有「留屋＋留人」，才能維持聚落的原真性。

從對立走向合作，變身藝術村

這樣的詮釋和說服，是非常漫長艱難的過程。康旻杰回憶，1998年包括都市改革者組織（OURs）、崔媽媽基金會等非政府組織，與建城所串連，一起投入搶救行動，但初期工作團隊非常費力地試圖說服北市府都市計畫委員會、文化資產委員會，從文化資產的定位或留屋留人的想法，一次又一次不斷辯論，不斷在素來強調宏大敍事的文資領域建構庶民生活場域動態保存的論述。

後來，建城所教授劉可強提出另類想法——若始終站在抗爭立場，最終將只會和北市府處於對抗的兩端永遠對立的局面，工作團隊必須與北市府產生計畫關係，介入實質決策過程，才有辦法對話，進而捍衛寶藏巖。

幸運的是，1998年年底台北市市長選舉，隔年接掌台北市政府的馬英九，成立了全國第一個地方文化事務專責機構——台北市文化局。北市府認知到寶藏巖的文化特性，召集多個局處成立專案，文化局也被納入，並提出藝術村的構想。而時任文化局局長龍應台實地走訪寶藏巖時更公開表示，希望國內外藝術家進駐寶藏巖創作與展覽，同時保存當地的文化特色。

「這是非常重要的命題，」康旻杰說，意義在於寶藏巖原本的定位——公園，是公共的，如果純粹只是私人居住，會被質疑其公共性何在，「因此，我們必須要找到公共性的補償，以回應都市計畫委員會審查的質疑。這個補償就是讓寶藏巖聚落部分成為藝術或文化的場域，採對外開放，部分空屋可供藝術家駐村創作，又可以和居民進行協作。」

建城所的努力，一步步改變北市府的都市政策，加上龍應台的定調，確立了寶藏巖設立藝術村的走向。

2003年6月，寶藏巖工作團隊成功競標到文化局「寶藏巖歷史聚落設置藝術村可行性評估」的委託規劃案，和公部門建立了協商動態保存機制的平台，北市府先承諾了保留建築物。

2004年2月，台北市古蹟暨歷史建築審查委員會審查通過，根據《文資法》，同意登錄「寶藏巖歷史聚落」為台北市第一處聚落形態的「歷史建築」。寶藏巖終於有了全新定位，走出長達20年的拆除陰影。

藝居共生，帶領居民的未來

藝術，是寶藏巖的另一個起點，但並非建城所的專長，如何讓藝術與空間、居民結合，實踐「藝居共生」的理想？又如何說服在地居民，和他們建立共識？

工作團隊第一步先想到電影。

過去，很多電影曾到寶藏巖取景，例如：侯孝賢導演的《南國再見，南國》、徐小明導演的《少年吔，安啦》都在這裡拍攝。因此，建城所師生們先讓居民組織化，組成「電影俱樂部」，每週三晚上播放在寶藏巖拍攝過的電影，每次播放時，居民自發性「一家一菜」，一起吃飯看電影。

康旻杰說，本來擔心居民對藝術很陌生，但後來很快發覺，他們會討論電影劇情中的種種，甚至成為某些在寶藏巖拍攝之電影的演員。後續團隊推動「全球藝術行動者參與計畫」（Global Artivists Participation Project, GAPP），歐美、亞洲的行動藝術家陸續進駐，透過創作詮釋在地人文景觀，居民也樂於參與，進而提到過往訪談不曾出現的情節。

例如，有一次，工作團隊舉辦社區藝術工作坊，一位老榮民伯伯無意中透露：「我如果不是跟著老蔣總統來台灣，會去念杭州美術學院，人生會完全不一樣。」

類似的居民反饋還有很多。康旻杰最難忘2004年秋天，差事劇團在寶藏巖演出帳篷劇場《潮喑》，把居民的人生故事改編成虛構情節，劇長兩個多小時。劇本內容充滿哲學性的隱喻，再加上演出方式採用環境劇場式，工作團隊原本以為居民

寶藏巖成為台北市首處聚落形態的歷史建築，讓藝術家進駐創作與展覽。

應該「看不懂」，可能坐不了幾分鐘就會走人，結果沒想到直到演出結束，90％的居民都還留在座位，好幾位榮民伯伯說：「雖然看不太懂，但知道在演我們的故事，這樣就夠了。」

還有一位鄰長更在劇團拿著火把演出時，興奮地說：「我們這邊從來沒有這麼漂亮過！」即使她不太知道要怎麼形容，但臉上盡是掩不住的感動。

「在那些過程當中，我們看到居民微妙的變化。原本我們對弱勢社區有些不自覺的刻板印象，但後來發現，其實他們對藝術是有感覺、有興趣的；在藝術介入的過程，打開了很多我們從來沒問過、也不曾知道的個人生命經驗，」康旻杰坦言，那時他深刻感受到，寶藏巖的居民其實以自身遷徙的歷程，為建城所師生上了一門重要的課。

同樣，居民對藝術村的使命，逐步有了更深入的了解——他們明白，藝居共生將維續寶藏巖特殊的文化記憶與風味，寶藏家園要和藝術村共生共榮。

寶藏巖的光芒日益熾熱，特殊的景觀與藝術村活動快速吸引國際目光，康旻杰說，當時全球知名的都市研究學者哈維（David Harvey），來台北看到寶藏巖的成果，都覺得很不可思議；2006年年初，《紐約時報》特別介紹寶藏巖，與101大樓齊名，列為台北市最特殊的景觀。

留屋也留人

然而，建城所心心念念的「留屋留人」，始終未獲定論。

那時，「藝居共生」的模式已臻成熟，確定「留屋」，但都市計畫的土地使用內容尚未變更，《文資法》與《都市計畫法》等相關法規的衝突未解決之前，寶藏巖仍是不能「留人」的公園用地，市府更有批評聲浪，指居民是「擁有特權的違建戶」。

面對這最後一哩路，建城所不放棄，不斷與北市府溝通。終於，2007年，在一場時任市長馬英九主持的會議中，文化局安排寶藏巖工作團隊現場簡報，團隊特別彙整了許多國際重量級學者和專業工作者的意見給市長，終於打動了馬英九，當場拍板定案，寶藏巖可以「留人」。

2007年2月北市府公告，將寶藏巖聚落範圍297號都市計畫公園用地的聚落部分，變更為特定專用區，透過細部計畫，正式認可了以低於市場租金租回修繕後原屋的合法續住模式。

之後，北市府文化局在2011年發布公告，根據《文資法》登錄寶藏巖聚落為台北市聚落建築群，理由是：「公館小觀音山下寶藏巖聚落為戰後台灣城市裡，非正式營造過程所形成的聚落，是榮民、城鄉移民與都市原住民等，在都市邊緣山坡地上自力造屋的代表，有歷史的特色。」

現在的寶藏巖，已是集居住、藝術、文化和旅遊於一體的社區，當地有數十戶居民，在台北市文化基金會的營運管理下，寶藏巖國際藝術村有推動結合創作與生活的藝術家駐村計畫、微型群聚（Micro Loft）進駐計畫，2024年就有11組長期駐村的微型群聚，提供藝術工作者長期工作室，成為扶植文化創意產業的搖籃。

規劃設計必須與社會連動

從違建社區走到文化資產，從不能住人的公園預定地到藝居共生的特定專用區，回首20多年的奮戰長路，康旻杰說：「一路充滿挫折，大部分時候都是挫敗到極點，但還是一步又一步往前走，每突破一次，就好像破關一次。」

這也正是建城所教育學生的重要核心價值。

康旻杰強調，建城所對規劃設計有著深厚專業教育，始終堅持「與社會之間的連動」是規劃設計必須面對的挑戰；建城所帶著學生參與寶藏巖的過程，不是只用批判性的理論，而是更務實地傳遞一種價值——做為規劃設計的專業者，學生要學會思考，每一次的決定是基於什麼？決策過程是獨自進行或集體討論？面對政府權力，是抵抗或協商？又如何與公部門協商溝通做出決定？

搶救寶藏巖的過程，讓學生了解規劃設計的必經歷程，進而建立專業性，而非只是純粹的批判，或關起門來自己說了算。

康旻杰坦言，很多學生剛進建城所時，以為建城所「凡事批判」、「投入社運」，但慢慢地經由類似搶救寶藏巖這樣的過程，逐步建立起專業能力，站在能夠實踐的立場去發揮，不再是批判或空談，這才是教育最大的意義。

捍衛居民的家園和記憶

鄰近寶藏巖的蟾蜍山聚落保存行動，則是建城所再一次的教育實踐。

蟾蜍山標高128公尺，是台北盆地西南邊盆緣的小山丘，清代成為通商古道；日治時期，農業試驗所設立於此，成為台灣發展農業的基地，日式辦公廳舍與宿舍沿著周邊山城興建。

1949年，國民政府遷台後，因蟾蜍山地形與區位具有戰略價值，在此設置空軍作戰司令部（現為空軍作戰指揮部），肩負台海空重任。政府也在這裡為空軍與眷屬設立「煥民新村」，未分配到房舍的軍眷則如同寶藏巖居民，以自力營造方式，在周圍山坡地興建家屋，形成「公家宿舍」、「列管眷村」、「自力營造」共生的特殊形態。

到了1960年代，台灣與美國簽訂《中美共同防禦條約》，美國空軍航空隊官兵派駐在蟾蜍山附近的「Taipei Air Station」，直到1980年才撤離。近20年時間，蟾蜍山居民成為中美協防時代的重要歷史見證。

但這原本平靜的家園，進入21世紀後面臨衝擊。

2000年，附近的臺灣科技大學向台北市都市計畫委員會爭取到蟾蜍山聚落部分土地，變更為學校用地，煥民新村在2013年面臨拆除危機，引發居民反彈。

為了搶救蟾蜍山，在當地租屋居住的攝影師林鼎傑找上臺大建城所合作，希望能循寶藏巖動態保存的經驗，留住蟾蜍山聚落的人與屋。因此，康旻杰帶著建城所「都市聚落與地景研究室」的學生走進蟾蜍山，再次啟動一場社會參與的課程。林鼎傑與建城所師生號召居民、志工，成立「好蟾蜍工作室」，包括導演侯孝賢在內，許多文化界人士出面力挺，認為蟾蜍山不但有豐富歷史文化風貌，更應捍衛居民的家園生活和記憶。

煥民新村內的老榕樹，成功申請到老樹證照，免於被拆除的命運。

「除了歷史與文化意義，當時更發現蟾蜍山有著豐富的自然生態，」康旻杰回憶，那裡因為長年劃定為軍事管制區，保留大量原始林植被及生物多樣性，形成完整的生態體系，是物種重要的生態棲息地與避難所，具有重要保存價值。

尤其，煥民新村的百年老樹很多，而爭取文化保存的另一個絕佳路徑正是「保護老樹」。

康旻杰記得，2013年煥民新村一度面臨拆除，拆除當天推土機都已經到現場了，正好村子牆邊有兩棵又高又大的老榕樹，居民和工作室夥伴們立刻以保護老樹為由，成功阻止拆除工作。後來透過《台北市樹木保護自治條例》，為兩棵樹申請到老樹證照，這兩棵大樹也從此被居民暱稱是「護村神樹」。

就這樣，「生態」成為蟾蜍山聚落的另一個出發點，建城所師生透過參與式保存規劃，擬思蟾蜍山文化資產保存區的發展方向和計畫，且提出「生態村」（ecovillage）的定位。

同時，居民也自發辦理生態導覽與展覽，讓眷村文化、生態學習和社區營造充分結合，而建城所又爭取到文化部文化資產局的研究案，完成蟾蜍山聚落空間社會及生態環境的基礎調查，做為後續文化資產保存的「文化景觀」提報基礎。

2014年，北市府文化局決議將蟾蜍山登錄為「文化景觀」；2016年再進一步擴大範圍，將聚落周圍區域納入文化景觀範疇。建城所專兼任師資及不同屆的學生們，與聚落居民連續舉辦上百場工作坊，為後續都市計畫土地使用變更尋求共識，同時藉由一系列聚落「保溫」計畫，一邊修繕煥民新村，一邊帶領居民透過訴說自家故事，製作聚落生活及生態繪本。

守護推動歷史洪流的角色

10多年來，建城所師生始終與蟾蜍山居民保持著很深的友誼。他們堅持，一如寶藏巖，蟾蜍山聚落的庶民生命經驗是公共歷史的重要環節，尤其當地百年來經過不同時代的政治與文化洗禮，絕對不能被抹滅。

例如，1960年代到1970年代的中美協防時代，是台灣國防軍事史的極重要歷程，而美軍航空隊官兵進駐Taipei Air Station，許多蟾蜍山居民在其中不同單位從事基層工作，開車、打掃、烹調……，直接參與了戰後軍防歷史鮮為人知的環節。

「中美協防的位階很高，但除了表面上的將領統御之外，更要依賴這些底層的庶民去支持它的運轉，」康旻杰強調，蟾蜍山聚落的珍貴正在於此，歷史不能只寫檯面上的某些人，檯面下的這群庶民，更用不同的角色、多元的視角，推動著歷史的洪流。

康旻杰記得，2013年好蟾蜍工作室和建城所找到一位半世紀前，曾在Taipei Air Station服役的美國大兵馬修（Kent Mathieu），他重回舊地，和當年為美軍開車的蟾蜍山居民陳邦信相見，兩位白髮蒼蒼的老人家拿著舊照片沿路探究比對，一起追憶昔日，讓一旁的年輕人非常好奇。

那些無法替代的文化資產

「陳伯伯年輕時開過很多高級將領的座車，到老都住在蟾蜍山，他跟我非常非常好，每次看到我，都會握著我的手，全力參與我們的行動，」康旻杰談起陳邦信，難掩感動。他強調，蟾蜍山有很多長輩們，即使想法和年輕人不同，但是老少之間交情深厚，是相互扶持前進的重要夥伴。

還有一位葉媽媽，早在建城所團隊剛進入聚落時，便主動號召左鄰右舍：「外面的人來關心我們，我們自己更要站出來說話！」出身客家庄的她，和跟著部隊來台的外省籍葉伯伯定居蟾蜍山逾半世紀，經常親手製作各種客家美食慰勞年輕的工作團隊。

康旻杰更記得：「10多年前葉伯伯中風無法言語，但當團隊夥伴有次在蟾蜍山播放一部關於居民生活和煥民新村遷徙的

建城所師生與煥民新村居民不僅修繕聚落，也分享自家故事。

紀錄片時，葉伯伯還沒看完就已淚流滿面。」

前幾年，葉伯伯、陳伯伯相繼離世，想起長輩們一生的軌跡，建城所師生更深深體認到，不論是寶藏巖或蟾蜍山，底層庶民在城市的邊陲落腳、建立家園、培育後代，這些現場都是無法替代的資產。未來不論台灣如何發展，弱勢者居住權、城鄉的合理發展、文化資產的保存，都是建城所教育的目標，要培育出一代接一代的年輕人，持續推動都市改革。

文／邵冰如

駐極體材料應用
深入社會民生的學術研究

從全球唯一能擊潰SARS的有機化合物到花博會場的紙喇叭，
臺大應力所師生打造了一場驚奇之旅，
不僅是科學突破，也是一堂鮮活的跨領域創新課，
讓學術研究真正走入社會，改變世界。

2003年4月，急性呼吸道症候群（SARS）疫情肆虐台灣，民眾與醫護人員開始穿戴口罩與防護衣，但這些口罩與防護衣，只有過濾病毒功能。以N95口罩為例，只能抵擋95％病毒，而且這些口罩和防護衣在潮濕的環境下，效能大打折扣，不少全副武裝的醫療前線人員仍不幸染疫，社會間瀰漫著惶恐與不安。

幸運的是，一個以臺大應用力學研究所為主的團隊，早已深耕相關領域研究多年，也成為化解這次危機的關鍵角色。但，一開始，卻曾經有人以為那是一個「舞蹈社團」。

啟動跨領域、跨團隊研究

早在SARS疫情爆發之前，研究團隊就發現，生物連結分子有很多特殊的物理現象，可能有助對抗疫情。

「這項計畫在2000年開始，由經濟部技術處推動，開放學

李世光（左）與弟弟李世元（右），合作先進無線生醫保健監測系統之開發三年計畫。

界參與科學研究專案，」經濟部前部長、臺大應力所特聘教授李世光猶記，臺大爭取到計畫後，除了在校內參加相關研究的臺大奈米生醫微機電系統研究群，更採取跨領域、跨單位、跨產業的方式合作，團隊規模達上百人。

「當時研究了許多看似天馬行空的問題，」他回憶，像是把晶片植入人體內部，直接監測血糖，並運用超音波為體內晶片供能；或是能否利用人體自身的血糖做為能量來源，把感測訊號以無線方式傳出。

不過，這些技術雖然具備可行性，卻還看不到商業價值，且在體內植入晶片可能衍生倫理爭議，因此未持續進行研究。但這些構想卻激發出許多後續的研發方向，如何把液體的分子附著在生物晶片上就是重點之一。

然而，難關不只一項。跨領域、跨單位、跨產業的合作模式，當時尚未普及，使計畫執行面臨不少挑戰。例如，計畫涉及到臺大、淡江大學、海洋大學等學校和單位，橫跨不同領域，首要任務就是確保彼此溝通順暢，因而所有計畫成員每個月必須前往淡大進行兩次培訓，為期半年，確保成員中每一份子都能對研究內容有充分理解，也讓每一位參與的師生在跨學科訓練中得以快速成長，主持該研究的李世光指出：「『先做朋友，再做事』是這個上百人團隊交換專業知識的一大竅門，也是後續研究得以順利推展的主要原因。」

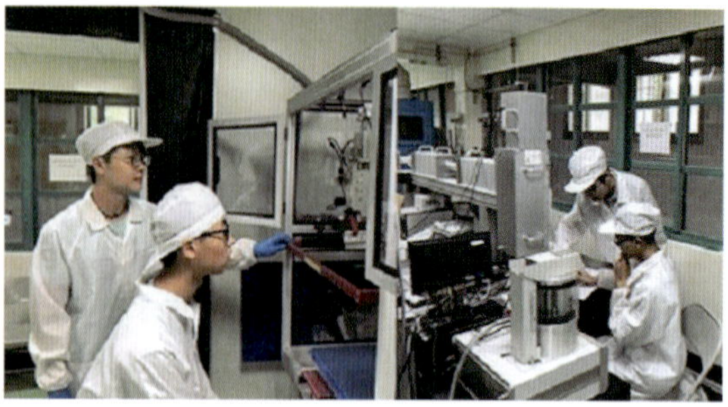

奈米生醫微機電實驗室內，規劃無塵室場域進行各項研發工作。

全世界只有他們做到了

這番努力，終於有所收穫。團隊漸漸發現，生物連結分子有很多特殊的物理現象。

2003年4月底，疫情席捲台灣，團隊接受徵召，參與國家型生技製藥計畫工作小組，用SARS病毒做各項改良實驗。在不到1個月的時間裡，就發現「8-羥基辛烷酸」（8-Hydroxy octanoic acid）對於脂蛋白核膜病毒的破壞功能，亦即它可包圍SARS冠狀病毒的「皇冠」，並利用與病毒冠狀套膜間分子的互動，迫使病毒冠狀套膜蛋白質三維空間構形全部瓦解。

這個取名為「台大抗煞一號」的破壞冠狀病毒活性劑，是無毒無害的有機化合物，可經由浸染、噴霧等方式，添加在口罩濾材、防護衣物，或是空氣清淨過濾器材上，即便是在濕氣重、濃度低的狀況下，也能保有強大殺菌作用，團隊為之振奮。

然而，團隊進行口罩防疫材料的研究時，遇到一大技術難題——原本用來抓取目標分子的硫醇官能基（-SH）會散發臭雞蛋的氣味，若用在口罩上，恐怕讓人退避三舍，更遑論是戴在鼻子上。於是，團隊決定把硫氫鍵改為不具臭味的醇官能基（-OH），但過程中牽涉到非常專業的化學知識與設計修改。

李世光印象深刻，過程中適逢母親節，他和胞弟，同時也是團隊成員之一的淡江大學化學系教授李世元，還在母親家中的地板上討論合成方法。方法確立後，即便還在放假，兩人隨即聯繫博士生、碩士生進行實驗，成員也在一聲令下立即返回實驗室，絲毫沒有怨言。

「因為技術掛上『臺大』名稱，我們對自己的標準更加嚴苛，」李世光認為，能在短時間內迅速完成，關鍵是團隊在計畫初期建立的團隊默契、協作文化與技術訓練，「如果沒有那段經歷，根本沒辦法在緊急情況下迅速調度資源，完成技轉。」

研究團隊在短短1週內，先完成合成與技術調整，而後更在20天內完成技術移轉。成品是肉眼看起來像是胃散的乳白色粉末，是一種全新的化學劑，不僅無色、無味、無害，還能溶解在水中，並噴灑在衣服、口罩等布料，或是門把、馬桶蓋表面，可以100%阻隔、破壞SARS病毒的致病性，是當時全球唯一能達到此效果的有機化合物。

從沒沒無名到阿公、阿媽都知道

抗煞一號在經濟面也具備普及化的潛力。抗煞一號的平均用量約1毫升，成本還不到1元新台幣。不只是更便宜，抗煞一號在可用性上也禁得起考驗，只要噴灑在一般布料口罩等防護用品上，對於和SARS一樣具有脂蛋白核膜的腸病毒，也有相同功效。

特別的是，即便口罩經過清洗，也還可發揮原本的功效至少兩週以上。更重要的是，為了增加民眾和醫護人員對病毒的防護力，團隊決定破例，不收技轉費用，以加速實際應用時程。

「如此高效率，在一般行政體系中極為罕見，所幸時任臺大校長陳維昭、臺大醫院院長李源德、許世明副院長與各單位首長通力合作之下，才完成如此『不可能的任務』，」李世光不居功，心懷感恩地說。

果真，後來確實不少民眾都因台大抗煞一號而受惠，團隊的努力也被更多人看見。

「我們原本沒沒無聞，甚至還有人說，『應力所』（讀起來像韻律所）就是『很會跳、很厲害』，誤會我們是『學跳舞的單位』，但隨著抗煞研究受到社會重視，公眾開始認識應力所的貢獻，」李世光回憶，疫情趨緩後，團隊就坐在應力所前的草地上閒聊，討論研究進度與未來方向，恰好有長輩經過，認出他們就是在電視上介紹過的那群無名抗煞英雄，讓團隊深受鼓舞。

有了初步的成果，在與產業的鏈結間，研究團隊又發現，添加台大抗煞一號的濾材，在0.3微米的微粒過濾測試中展現優異的攔截成效，顯示抗煞一號一系列化合物確實具有增強駐電性的特性，也就是透過駐電效果，材料表面或內部容易累積靜電電荷並形成靜電吸引力，可以讓口罩抵抗0.3微米的顆粒，而這也是最容易貫穿口罩的微粒尺寸，駐極體技術研究因而展開。

超薄軟性紙喇叭登場

所謂駐極體，是一種能夠長時間儲存靜電電荷或永久電偶極矩的絕緣、軟性可變形材料，電荷儲存能力是一般材料的1,500倍。換言之，駐極體就是把電鑄進材料，使其能長期保留電荷。

李世光解釋，一般材料在儲電後，電荷會快速以指數形式衰減，並在某一階段停下來，而駐極體材料的特點是，衰減後依然能保留大量電荷，穩定性與持久性遠勝一般材料。因此，研究團隊開發新系列駐極體薄膜，把駐電性提升80%，並解決傳統氟系駐極體（如：鐵氟龍）與金屬電極結合的難題，成功開啟駐極體薄膜在軟性電子的創新應用。

確實，2009年，對李世光與研究團隊而言，是充滿開創性的一年。

一方面，當年新流感H1N1大流行，研究團隊延續當年抗煞一號的成功經驗，開發能有效對抗H1N1新流感病毒的化合物「台大病毒崩」（NTU-VirusBom），可在不產生細胞毒性的安全濃度下，在人體外破壞奈米級病毒及微米級細菌感染增殖物質，再次於抗疫發揮關鍵功效，並技轉給生技業者製成噴劑，也推出口罩和乾洗手產品造福國人。

二方面，團隊使用駐極體做為關鍵零組件製成「超薄軟性紙喇叭」，在2009年拿下《華爾街日報》「科技創新獎」、德國「紅點設計獎」，共兩項國際大獎。頒獎給工研院的《華爾街日報》科技版主編雷傑（John Leger）盛讚：「這真是太神奇了，但這技術真的是革命性的。」評審團也一致認為，這項創新技術前所未見，為喇叭設計帶來劃時代突破。

鮮少人知道的是，這項「超薄軟性紙喇叭」技術，其實乘載著國內產、官、學界共同的盼望。

工研院的軟性電子前瞻計畫，一直希望可以發展薄型化、平面化、軟性、大面積的喇叭，並曾經以平面揚聲器為基調，研發出分別以金屬和塑膠基板為主要材質的兩代產品，但離「平面」、「軟性」的目標，仍有一段距離。

怎麼辦？

找出製作軟性元件的關鍵

「駐極體的高帶電性、柔軟特質，可輕易製成軟性元件，」李世光說明，當工研院知道臺大團隊在駐極體研究取得突破時，便積極上門洽談，希望能獲得技轉。

後來，工研院把這項技術轉化為具體的研發計畫，製成紙喇叭——厚度不到0.1公分的紙張，不僅可任意彎折、裁剪，只要通電，就能振動發聲，音效一點也不輸給傳統音響，而且更重要的是，若進入商業生產，每一個人都買得起。

此外，紙喇叭也可透過特殊整合技術，結合廣播與喇叭，包裝成類似即溶飲品的隨身包，依據國家、地區喜好，由消費者自行組合個人化超薄音響喇叭，可以隨身攜帶收聽廣播。

2010年，台北國際花卉博覽會登場，紙喇叭獲選在「夢想館」展出。走進現場，巨大花朵造型隨著電流變化振動，不只是在場與會者的目光被吸住，心跳節拍也宛如和紙喇叭一致，因而紙喇叭也被列為夢想館五大世界第一技術之一。

只不過，造型酷炫的紙喇叭，在低音音質的呈現上仍有改善空間。

打造從學術研究到產業應用的知識鏈

「平面揚聲器的音波是透過壓縮空氣而來，但低音需要較大振動空間，是體積輕薄的紙喇叭聲音表現仍有所局限的原因，但也讓研發團隊有了繼續努力的目標……」工研院材料與化工研究所曾這樣表示。

後來，工研院把駐極體紙喇叭技術技轉至電聲大廠富祐鴻集團，原紙喇叭團隊因此併入富祐鴻集團，成立新創事業群。

「紙喇叭指向設計技術」在2012年第二十六屆日本東京世界創新天才大會暨發明展勇奪金賞獎，李世光也因為「駐極體材料之製作及應用」，在同年獲得國科會「傑出技術移轉貢獻獎」，隔年更因「可撓式致動器」技術，拿下2013年「國家發明創作獎」發明獎金牌。

「臺大和工研院在紙喇叭研究的合作方式，成功讓原本由國科會支持的學術研究成果，透過法人單位接手開發，成為具有商業化潛力的技術，再進一步推進到國內中小企業可以接手應用的階段，建立起一條從學術研發到產業應用的完整知識鏈，」李世光指出，這個研究案在2006年行政院產學合作加值計畫中受到專家推崇，成為各界希望推動的模式典範。

紙喇叭於2010年台北國際花卉博覽會登場，巨大花朵造型隨著電流變化振動。

目前，駐極體材料仍在持續延伸發展，例如：可製成衣服、鞋子等穿戴式設備，讓人們透過行走、動作來發電、儲電。

如同李世光提到的，1990年代，美國軍方發現步兵在作戰中除了武器外，最重的裝備便是大量電池，因而需要開發可穿戴、輕量的發電裝置，供應通訊、GPS、武器等用電需求，於是把目光投注在駐極體材料上；此外，不少運動品牌針對兒童推出會發亮的運動鞋，其中有些使用「壓電材料」來發電，缺點是通電後容易變形，但若以駐極體來發電，不僅可長時間保存電荷，就算很久沒通電，也能維持帶電狀態。

研究，要對社會有價值

從台大抗煞一號，到駐極體材料、紙喇叭，每一項應用都對社會產生極大效益。曾在IBM美國加州艾曼登研究中心（Almaden Research Center）擔任研究員的李世光指出，IBM的研究部門在做研究時有三大原則：要對IBM有幫助、對公司營運有益、對社會有貢獻。這個觀念影響他往後30年做研究時的信念：研究工作一定要有社會價值。

1994年返台任教後，他也提倡「Be Vital to Taiwan」、「Be Famous for Its Science and Technology」的理念，意思是「要做對台灣有用的研究，否則就不做；若沒有世界性的學術價值，也不做。」這不只成為李世光團隊的座右銘，「從工學院的角度來看，這樣的文化也是必要的。」

早期臺大應力所是以國防科技為研究主軸，但內部反思，若只著重在國防，學生的努力不容易對社會產生立竿見影且顯著的影響，於是逐步把研究領域拓展至民生領域。但在2000年左右，國內流行的教育理念是「通才教育」，強調學生在各基礎學科都應接受扎實訓練，但李世光發現：「學生在這種『樣樣學』的模式下，某些基礎能力訓練依然不足。」

究其原因，他認為，不少學生只對特定領域有興趣，卻得從基礎學科開始學起，造成不少學生放棄深入學習、產生斷層，臺大應力所開始重新思考、改寫課程設計。

如何做？在網路學習資源豐富，AI、ChatGPT應用唾手可得的現在，學生自學門檻大幅降低，教師傳道、授業、解惑的模式也應該改變。

融入AI與跨域課程

「教師的角色，應該轉而偏重在引導學生進行跨領域知識整合應用，並開始進行教學上的各種實驗，」李世光認為，像是把AI、跨領域概念融入課程，就是不錯的做法。

他進一步指出，從應力所不少年輕一代教師的學經歷背景和研究方向，就可看出這種跨域整合的時代大勢。例如，副教授周佳靚是在臺大取得土木系學士、碩士後，赴美國麻省理工學院攻讀土木與環境工程博士，而她的經歷顯示，傳統土木背景可延伸到醫療與生活科技應用，成為應用力學研究的一環。

另一位副教授許聿翔，則是在臺大陸續取得機械工程學士、應用力學碩士後，到美國加州大學爾灣分校取得醫學工程碩士及博士學位，把應用力學和醫學、生物學結合，開發出攜帶式、毋須主動驅動裝置（只需電池即可操控）的核酸定量檢測裝置，以及可以培養出心肌組織、腫瘤組織、動脈組織等，可取代動物實驗的器官晶片。

應力所的年輕師資有良好學經歷和研究方向，期待能帶動更多有益社會的改變。三位副教授左起為許聿翔、周佳靚、江宏仁。

還有一位副教授江宏仁，在臺大取得化學工程學士、應用力學碩士學位後，赴日本東京大學攻讀物理學博士；後來，他發現，不少偏鄉孩子根本買不起高級顯微鏡儀器，於是發明用塑膠和手機結合的低成本顯微鏡，每台成本約100元，可用在教學和醫療用途，包含國內醫學院都曾採用，而且他除了自掏腰包製造儀器，更號召志工協助組裝，讓偏鄉孩子也用得起顯微鏡，從觀察周遭生物培養學習熱情。

「這些例子，代表應力所在這個時代的特色，不只具備基本專業能力，也要有全新思維，更重要的是，要具備創新實踐的行動力和社會公益精神，」李世光強調。

擁有百項國、內外專利，發表超過480篇學術論文的李世光，曾在台灣最危急的時刻，率領團隊以科研跨界整合、發揮即時應變能力，推出「台大抗煞一號」，發揮關鍵價值；也曾和團隊以駐極體技術、紙喇叭，讓世界看見台灣。走過這一路繁華，他期許，應力所的傳承火炬可以一棒接一棒，新世代學者的研究也能和社會需求緊密結合，讓台灣社會更好。

文／陳育晟

次奈米材料
拓寬台灣半導體產業實力

當摩爾定律邁向極限，AI時代的運算力又掀起另一波浪潮。
臺大3組頂尖團隊從先進封裝到次奈米材料，
突破物理瓶頸、布局未來技術，
攜手產業為台灣打造下世代的晶片競爭力。

5奈米、3奈米、2奈米、1奈米……，每當「護國神山」台積電在最新製程取得重大突破，不只投資人為之振奮，更順勢把台灣在半導體的地位再往前推進。然而，當製程技術來到奈米等級，電晶體裡的原子數量愈變愈少，加上科技逐步進入量子層級，許多專家都預測，代表積體電路上可容納的電晶體數目，每隔約2年便會增加1倍的「摩爾定律」，終將迎來尺寸微縮的物理極限。輝達共同創辦人暨執行長黃仁勳更在2019年消費電子展（CES）明確指出，「摩爾定律結束了。」

AI時代推升半導體新需求

在摩爾定律逐漸式微的年代，AI應用卻不斷推陳出新，半導體應用需求也持續增溫。台灣半導體產業如何保有原有優勢，甚至是拉大和競爭對手的距離？除了各半導體大廠內持續投入研發的無名英雄，更和3位臺大工學院學者所率領的3大

因應AI時代，臺大與半導體業者合作研究，推升晶片競爭力。

研究團隊有關。他們分別是：臺大材料科學與工程學系暨研究所特聘教授高振宏、陳俊維和陳敏璋。

這3個團隊是由熟悉彼此專長的學者們私下交流後組成，主要聚焦在兩大層面。一個是封裝技術創新，也就是當晶片製程無法再縮小時，便改由封裝層面著手，把晶片和晶片間的距離縮小，提高整體運作效率。透過先進封裝，也使「異質整合」得以實現，即透過把不同功能、製程的晶片結合在一起，既能提升效能，又可降低成本，目前已廣泛應用。

另一層面則是新材料應用，包括：二維半導體材料、半導體薄膜材料與技術，儘管深具潛力，但技術門檻極高，短期內

高振宏著力於封裝技術創新，提高整體運作效率。

較難實現大規模應用。

儘管困難，臺大團隊還是突破了。3位國內半導體界的頂尖學者兵分三路，從3大方向找到台灣半導體在下一個世代持續領先的祕訣，而負責率領先進封裝團隊的，就是高振宏。

先進封裝跨越製程極限

走進高振宏研究室前一刻，他還在和業界進行線上會議，可見他掌握的技術對半導體製程的重要性。簡單開場之後，他順勢談到，其實大約10多年前，台積電開始意識到單純製造晶片已不足以維持競爭力，於是投入封裝領域，並攜手學界共同研究，讓晶片與客戶產品需求更緊密結合，進而牢牢抓住客戶，提升客戶依賴度，並強化市場主導地位。

團隊研究後發現，過去要求單一晶片涵蓋所有功能，必須使用同樣等級的製程技術，導致製造成本高昂，但透過先進封裝、異質整合，需要精密製程的部分使用最前沿技術，而不需要高階製程的部分則採用較舊、成本較低的技術，再把兩者封裝在一起，不僅降低成本，更提升晶片良率。

然而，研究成果可以一言以蔽之，實際走過的路卻並不容易。過程中，高振宏團隊從封裝內部材料的反應熱力學、動力學提出不少新觀點，但卻面臨到設備成本過高的挑戰。高振宏坦言，目前半導體研究面臨的主要挑戰之一，就是學界設備明顯落後於業界，使學術研究推進變得更困難。為了突破困境，臺大也和台積電展開合作，當學界有特定技術需求時，會由台積電協助加工樣品，但研究生並無法直接操作台積電所費不貲的機台。

異質整合強化競爭力

除了台積電，高振宏也和日月光等大廠合作，但為了避免利益衝突，在合作上嚴格區分材料與計畫內容，每個研究生參與的專案都必須簽署保密協定。他強調，基礎理論研究可以公開，「但若涉及特定材料組成，就只能專屬一家公司，避免關鍵技術外洩。」對台灣半導體產業而言，臺大團隊協助在先進封裝、異質整合取得的突破，具有兩大意義。

首先，對半導體大廠而言，為了在先進製程取得突破與領先，過去幾年一直不斷瘋搶極紫外光微影技術（EUV）設備，特別是美國聯邦政府持續深化對中國半導體關鍵機台設備出口管控，導致中國半導體大廠、科研單位、大學等爭相搶購機台，甚至挖角國際專家自主開發EUV設備，讓機台供不應求。

「儘管有異質整合技術，台積電依然需要EUV，但這個技術卻足以使其製程技術提前兩個世代，」高振宏說明，例如，以5奈米製程，加上整合技術，可達到優於2奈米製程的效果，有效延緩台積電對EUV全面倚賴的時間，也緩解機台供應不足帶來的壓力。

其次，對消費者而言，異質整合可以使手機、電腦、資料中心等設備運作效率更快且更省電。

AI技術崛起後，大量運算需求導致能源消耗劇增。美國電力公司（American Electric Power）代理執行長佛克（Ben Fowke）在出席參議院聽證會時便表示，幾年前一座大型製造工廠的電力需求與10萬戶家庭相當，但現在一座數據中心通常需要3倍至15倍的電力。一般人日常使用的ChatGPT，每搜尋1次的耗電量，也比用Google搜尋要高出近10倍。

高振宏分析，異質整合可以使台積電晶片產品更加節能，製程條件也可適度放寬，代表可將先進製程資源投入到真正需要的領域，而一般產品則以更成熟、穩定的製程完成，大幅提升產品良率，對台灣與台積電在全球半導體產業的激烈競爭中維持領先至關重要。

因此，主導AI晶片設計的兩大廠商輝達、超微，不只都在台積電下單投片，也都採用台積電的CoWoS先進封裝，讓產線供不應求，促使台積電積極擴充產能。所謂CoWoS，是一種半導體的先進封裝技術，可拆成CoW和WoS。CoW（Chip-on-Wafer）指的是「晶片堆疊」，而WoS（Wafer-on-Substrate）是將晶片堆疊在基板上，可提高晶片間的數據傳輸速度。

台積電董事長魏哲家曾公開表示，不只是CoWoS，台積電布局各種先進封裝技術已超過10年，未來幾年年複合成長率至少可超過50%，而台積電也會持續研發下一代CoWoS先進封裝技術。

二維半導體突破矽材料極限

除了先進封裝，新材料也是台灣半導體領域積極布局的另一個重點，而二維半導體材料，就是努力方向之一。領軍這個研究的陳俊維解釋，二維材料指的是厚度僅有一層或數層原子的材料，最早且最有名的代表是石墨烯，由碳元素組成，擁有獨特且優異的物理特性。

市面上常見的石墨烯產品，都是多層堆疊的碳材料，並非真正意義上的單層石墨烯，一直到2004年，英國曼徹斯特大學的兩位學者蓋姆（Andre Geim）、諾佛謝洛夫（Konstantin Novoselov）才用膠帶分離出單層石墨烯，不僅開啟二維材料研究熱潮，更獲得2010年諾貝爾物理獎肯定。

至於台灣，則是國科會特別選出5個以「材料成長」為主的大型國家計畫，陳俊維的原子級材料成長實驗室就是其中之一，而他與團隊也是從那時起，就一直專注在二維材料研究。

「石墨烯不具有能隙（band gap），因此無法做為電晶體開關的材料，」陳俊維說明，「目前二維材料在半導體領域的研究，主要以所謂過渡金屬硫族化合物，例如：二硫化鉬（MoS_2）或二硒化鎢（WSe_2）為主流。」

半導體元件的開發，長久以來一直遵循著摩爾定律（Moore's Law），也就是積體電路上可容納的電晶體數量大約每兩年翻1倍，且成本相對恆定，但電晶體在摩爾定律的推動下持續提高矽基（Si）積體電路（ICs）效能，但隨著通道（channel）尺度微縮至奈米以下，目前已逐漸接近元件在操作下的物理極限。

陳俊維專注於二維材料的開發，應用於半導體元件研究。

陳俊維解釋：「原子層材料的重要性在於材料縮減到原子層級後，會展現出與本體完全不同的物理特質，帶來材料科學的新革命，而由於一層原子的厚度比1奈米更小，若能直接使用原本就是單層原子的二維材料，就有可能打破現今矽材料的極限，推動超越摩爾定律的技術發展。」

然而，二維半導體材料的成長，特別是大面積、高品質的二維材料，目前還是處於開發階段，特別是高品質二維材料的成長極其困難，因為它只有一層原子厚度。所以，研究團隊面臨的挑戰之一，便是要找到穩定、在一定控制條件下大面積生產材料的方式，同時也需要克服用二維材料做成元件後，積體電路的各種技術問題，因此，「儘管它有很大潛力，但也不一定代表能完全取代矽材料，」陳俊維坦言。

不過，他也強調，科學研究的目的本來就不是短期應用，而是為了長期突破奠定基礎。矽材料發展超過50年，累積大量技術與投資，才建立起如今完整的工業體系，如今新材料的研發，也需要相同或更多投入，「沒有人可以保證結果，但這是目前看到非常有潛力的方向，特別是對台灣在半導體領域的發展，更需要對未來做更大膽的投資。」

產學分工，找出最好的方法並規模化

二維材料發展的另一道難題，是投入研究的人力有限。陳俊維觀察，在高科技產業快速發展之下，學生畢業後很容易被高薪工作吸引，導致學界人才流失，但這類基礎材料的研究需要長時間大量實驗，過去有大量研究生投入，但如今人力減少，推進實驗的難度也變得更高。

即便如此，陳俊維教授實驗室與台積電組成的研發團隊的研究依然取得重要進展，並登上期刊《自然通訊》（*Nature Communications*）。共同開發成長出具有大面積與低缺陷密度的單原子層與雙原子層鎢化硒材料，並製作成高效能的p-型電洞傳輸為主的電晶體元件，並發現雙原子層（bilayer）鎢化硒具有更高的載子遷移率（Mobility），相對具有發展潛力。此研究成果，對於未來二維材料於下世代半導體的研究，具有相當重要的意義。

「學術界的角色是從零開始進行研究，找出最好的方法，而業界則負責把這些技術進一步規模化，」陳俊維強調，台積電在新材料的開發，其實仍仰賴學術界不輟研究，等到這些新材料通過嚴格的層層標準審核，就有機會進入產業界成為產品。

不過，新材料仍有其需要努力之處，特別是在半導體奈米薄膜材料的製備與相關技術。

掌握推進下世代半導體產業布局關鍵

所謂「奈米薄膜材料」，指的是厚度介於單原子到數十奈米間的金屬或介電層。帶領這個研究團隊的陳敏璋解釋，隨著半導體材料和元件的關鍵尺寸進入原子尺度的要求，為了確保極致的精準度，「原子層沉積技術」（Atomic Layer Deposition, ALD）以其原子層級逐層沉積材料的特性，成為次世代半導體製程中具關鍵戰略意義的技術之一。

因此，研究過程中，團隊與台積電保持密切合作，由台積電提出實際的技術議題，臺大師生共同參與解題。陳敏璋認為，這種合作模式有助於促進學術研究與產業需求深度結合，特別是在台積電技術難度極高的情況下，團隊所專注的「原子

陳敏璋研究原子層技術已超過20年，致力推進先進半導體技術。

層級」的精細材料控制技術，正可符合台積電在半導體先進製程的發展方向，而透過這種產學合作，不僅有助於技術創新，也能有效提升工學院學生的競爭力，創造產學共贏。

深耕原子層技術超過20年的陳敏璋猶記，當年返回母校任教時，儘管研究資源有限，仍堅定地投入該領域，因為他相信，原子層技術將成為推動先進半導體技術發展的核心關鍵。

經過長期不懈的努力與技術探索，團隊在原子層技術陸續取得多項重要突破。例如：僅針對材料表層原子進行局部加熱，避免整體材料受熱，從而實現高精準熱控制的「原子層退火」（Atomic Layer Annealing）；可精確移除特定原子層，對次奈米尺度先進微結構製造至關重要的「原子層蝕刻」（Atomic Layer Etching）；在攝氏300度的低材料成長溫度，實現高品質第三代半導體薄膜的成長，使得原子能有序排列，能夠有效提升材料結晶品質的「原子層磊晶」（Atomic Layer Epitaxy）；還有能將材料精準沉積在特定區域，可大幅降低對EUV曝光和蝕刻的依賴，進而簡化工序並降低生產成本的「區域選擇性原子層沉積」（Selective ALD），都是團隊努力的成果。

陳敏璋強調：「創新是團隊持續自我鞭策、追求突破的核心動力。」

陳敏璋說明，原子層技術的一大關鍵優勢，在於其不僅能精準控制單層原子的堆疊與反應，更具備在大面積維持高均勻度的能力。這種橫跨原子尺度與晶圓尺度的「跨極端尺度」的特性，正是其在先進半導體技術中展現高度潛力與價值的關鍵所在，而對台積電來說，這種對「跨極端尺度」技術的掌握，也是其能在全球半導體產業持續保持領先地位的核心要素之一。

然而，先進封裝、二維材料、原子層技術，這三個影響半導體技術在下世代關鍵布局的技術，縱然實際應用程度不一，但共通特色都是秉持「寧可一思進，莫在一思停」的精神持續深化研究，而人才就是此進程不可或缺的推手。

目前，國內不少半導體大廠和臺大均有產學合作計畫。以台積電為例，和臺大等國內大學展開「半導體高階人才養成計畫」（Joint Developed Project, JDP），提供博士生每年50萬元、連續5年的獎學金，即便未明文要求畢業後要到台積電服務，但多數學生最終仍選擇成為護國神山的一員。至於碩士生，雖然沒有獎學金制度，但也有不少人透過產學合作，最終進入台積電任職。

解決人力不足問題刻不容緩

不過，台積電，或者說在整個半導體業界，需要什麼樣的人才？高振宏、陳俊維、陳敏璋三位教授一致認為，臺大培養的半導體人才，普遍具有以下三大特質：

第一，團隊合作。

高振宏認為，臺大培養出來的學生普遍較具團隊精神，懂得在一次次的實驗協作中取得進展；陳俊維進一步比喻，材料科學研究就像拍電影一樣，要有最好的導演、編劇、攝影、燈光，才能完成好的作品。換言之，材料科學研究不只要有聰明的人，也要有擅長動手做、解決問題的人，實驗室內的高度協作文化，讓他們即便到了業界依然深具競爭力。

第二，國際化。

高振宏觀察，臺大碩、博士畢業生在業界的最大優勢，其實不是掌握關鍵技術，而是能適應國際競爭環境。因此，他時常要求學生在學期間就要培養關注國際趨勢、參加國際研討會的習慣，閱讀大量國際文獻也是基本要求。

第三，學以致用。

陳敏璋指出，臺大工學院長期重視與產業界的深度合作。曾有畢業後進入台積電任職的學生向他表示，在產業界工作節奏極快、壓力龐大，幾乎沒有時間從頭培養基礎能力。因此，臺大和台積電的密切合作顯得尤為重要，讓校內研究直接對焦台積電的技術挑戰與發展需求，可大幅降低學用之間的落差。

儘管台灣的半導體研究能量在國際上已具備相當的能見度，產業與學術界的合作精神和組織結構也受到各界肯定，但缺乏人力仍是最大隱憂，「尤其年輕一代願意進入工學院的比例明顯下降，」陳俊維呼籲，科學研究需要真正有能力的人才，方能開發出有價值的成果，因而國家必須加大在年輕研究人員身上的投資，讓學界更有競爭力吸引優秀人才加入。

一旦願意投入先進研究的人才能得到更好的待遇與激勵，台灣半導體學界也能持續吸引、留住世界需要的頂尖人才，和業界相互拉抬，形成兩大雙強核心，在AI無所不能的現在與未來，繼續拓寬台灣半導體產業的實力與影響力。

文／陳育晟

追求卓越 80 年

奔赴世界一流

以全球為座標，知識為引擎，
打造兼具本土深度與國際高度的卓越，
向世界一流挺進。

成為具全球影響力的學術品牌

在知識輸出與國際競爭交鋒中，教育場域不斷進化，
唯有深化研究實力、強化全球連結，
方能躍升為具影響力的學術品牌。

創立迄今80年的臺大工學院，在不同時期均扮演推動國家產業發展的重要角色，不少工學院校友，也在台灣大型建設留下貢獻，或是進入政府部門從事政策制定與推動。

的確，回顧過往至今朝，臺大工學院院長江茂雄認為，「工學院80年來不變的特色，就是隨著產業變化而進步，」他舉例，像是目前在各領域廣泛應用的人工智慧，其實早在20年前就納入工學院的研究與教學。

另一個特色，則是培養出來的人才眾多。江茂雄談到，臺大所有學生，約有三分之一是修讀工程相關課程，而工學院和從工學院分家出去的電機資訊學院加總，有超過9,000位學生、500多位全職教師，規模與中型國立大學相當。

然而，再優秀的成績，也只是寫在過去的歷史，迎接未來總有種種挑戰難免。

近10年來，臺大工學院面臨到愈來愈激烈的國際競爭，鄰

江茂雄認為要讓有80年歷史的臺大工學院更上一層樓，勢必要進行制度改革。

近國家投入大筆經費發展高等教育，使各國頂大在世界大學排名顯著進步，臺大工學院也必須思考，到底還有哪些與眾不同的優勢？

提升國際能見度

江茂雄指出，歷任總統幾乎都來自臺大，是全世界少有的現象，顯見臺大在台灣社會具有強大影響力；然而，若談到經費，臺大等國立大學則面臨不少制度性限制，如：無法自行投資、開辦公司，也無法延請外部顧問、專業團隊操作募款、公關，進而提高國際排名。

「這顯示，台灣高教制度還是需要進一步鬆綁，才會讓大學有彈性因應全球競爭。如果要讓臺大工學院這樣的單位更上一層樓，勢必要進行制度改革，否則發展真的很受限，」江茂雄直言。

儘管空間有限，臺大工學院依舊繼續擦亮招牌，提升國際能見度。例如，2025年5月19日至21日，工學院繼2019年後，再次主辦亞洲工學院院長高峰論壇（Asian Engineering Deans' Summit, AEDS）。這個論壇由亞洲多所頂尖大學工程學院院長共同發起，致力提升亞太地區工程教育與研究水準，包括日本、韓國、新加坡、香港等十多國頂大工學院院長均積極與會。

除此之外，臺大工學院自2016年起即與香港科技大學、新加坡國立大學、首爾大學、北京清華大學及東京大學，共同創立亞洲頂尖工學院院長論壇（Asian Deans' Forum, ADF）暨工程女性明日之星研討會（The Rising Stars Women in Engineering Workshop），目標在建立亞洲頂尖工學院間的長期合作平台，透過院長級對話、策略分享與跨校協作，積極推動工程教育革新、研究能量整合及人才培育之國際合作，後來澳洲新南威爾斯大學也加入，參與成員增加到7所頂尖工學院。2025年11月16日至18日，由臺大工學院擔任論壇主辦單位，匯集亞洲頂尖工學領袖與研究人才，持續強化臺大工學院在全球工程領域的能見度與學術影響力，為高等工程教育與研究開拓新契機。

加強交流，掌握時代脈動

近年來，台灣高科技產業興盛發展，使國際能見度更為提升，臺大工學院也在其中發揮影響力。

「疫情之後，台灣在國際間能見度變高，半導體、人工智慧、能源等領域蓬勃發展，工學院訓練出來的人才，都在其中發揮關鍵影響力，」江茂雄以離岸風電為例指出，台灣發展比亞太鄰近國家更早，其他國家紛紛借鏡臺大工學院如何培養相關人才，「目前有不少臺大訓練出的人才，都在日本、韓國從事相關產業工作。」

走在時代趨勢之上並不容易，為什麼臺大工學院做得到？

「國際交流可幫助我們更理解國際趨勢，也有助重新定位，知道自身有哪些優勢，可讓臺大、台灣高等教育在國際舞台上站穩腳步、發光發熱！」江茂雄大方分享他的觀察心得。

面對爭取國際學生的競爭加劇，臺大工學院也有相應的做法：和國外學校合作雙聯學位學程，讓學生能同時取得雙方學位，增加國際經驗。

為了提升吸引力，工學院積極推動英語授課（English as a Medium of Instruction, EMI），目前開設的全英語課程近300門，躋身臺大各學院之最，並設有兩個全英語大學部專班。

此外，展望未來5年，工學院也將持續強化國際連結，目標是在2030年達成大二學生至少50％具備歐洲共同語言參考標準（CEFR）B2以上英語能力，而且修課學分中50％以上為全英語課程，並提供EMI修課認證。

這些改變，讓校園有了不一樣的風景線。

江茂雄觀察，過去臺大校園內，絕大多數外國臉孔是僑生，但如今出現不少歐洲、美國、南亞學生，時常騎著腳踏車穿梭在校園。他們有些是交換生，有些來台攻讀碩、博士。

對症下藥，吸引優秀師生

不只是向外爭取國際生，對內吸引本地生也同樣重要。尤其，目前研究生在取得碩士學位後，多半會先到業界工作，繼續攻讀博士意願較低。對此，臺大工學院的因應之道，是把博士班獎學金自每月2萬元增加至4萬元，加上擔任助教、教授研究計畫津貼，一個月收入可達6萬元至7萬元，與碩士班畢業赴業界工作薪資相去不遠。

但要留住優秀學生，頂尖師資授課、帶領研究，更是必要條件。問題是，台灣的大學教授薪資議題，長期以來存在不少爭議，又該如何是好？

「工學院設立了院級講座及各種彈性薪資方案，有些教授年薪可加薪近百萬元，如此就能彌補台灣和新加坡、香港等鄰近大學教授薪資差距，」針對可能存在的隱患，江茂雄娓娓道出解決方法。

放眼未來，江茂雄表示，將繼續推動國際研究、跨國教學合作，並強化國際教育機制、建置多元文化友善環境，舉辦亞洲頂尖工學院院長論壇，行政文件也要國際化，以提升國際能見度，建立專業學術品牌。

強化創新創業能量

不過，國際交流也讓臺大工學院看見自身的不足。

以創新創業而言，江茂雄認為，臺大工學院學生潛力十足，但是台灣教育體系推動創業，與香港、新加坡相比，仍不夠積極。他舉例，新加坡有很多大學會鼓勵教授創業、成立公司，再讓成果反饋學校，使校方不只依賴政府補助運作，還有其他穩定收入來源。

為了讓創業風潮在校園扎根，臺大也在2024年和國發會攜手成立全台第一個校友創業投資基金。校長陳文章曾對媒體表示，國外許多頂尖大學均把創新融入博士班與學程，而大學本身研發技術與業界合作密切，希望這個概念也能落實到臺大。

有鑑於此，臺大的策略是，由學生啟動創業團隊，教授、實驗室或研發中心提供技術後盾，而後成立創投孵化工作室（VC Studio），請上市公司、創投擔任業師群，全程陪跑，再提

臺大工學院持續優化硬體建置，提供更好的研究環境，促進卓越發展。

供政府和校友基金投資學研衍生新創，第一期至少要有10億元經費，而國發基金也將加碼投資，學校則能從中取得技術股，可謂共同合作創造三贏。最後一步，則是鏈結國際，協助創業團隊橋接海外新創基地、國外加速器，拓展國際商機。

然而，江茂雄坦言，臺大工學院的學術經費和其他亞太頂大相比，確實相形見絀。

2025年年初，臺大工學院做SWOT分析，深入探討未來5年到10年發展優勢、劣勢、機會與威脅，發現即便教職人員、學生花較少的經費，在國際上依然能做出有競爭力的研究，但仍存在資源不足、人員壓力等關鍵課題。

針對這些問題，臺大工學院一方面積極整合研究資源、跨領域合作，成立跨領域核心研究群、申請大型計畫與政府補助，並透過三校聯盟（包括：臺大、臺科大、臺師大）共享教學資源與設備，以提升效率；此外，還將推動與國外訪問學者合授英語課程，加強國際化。

另一方面，臺大工學院也強化產學合作與技轉績效，除了聚焦AI應用、智慧機械、永續及綠能、半導體，推動高影響力合作，也鼓勵技術轉移與專利發展、新創公司成立，用以反哺教學研究環境。

工程倫理比技術更重要

隨著人工智慧應用日益深化，工學院各領域也更重視人文反思。「我們不能只教學生學會做技術，還要有工程倫理，」江茂雄強調，未來5年，臺大工學院在教學與研究規劃上，還要強化學生工程法律、工程倫理、人文社會科學素養。

而在硬體方面，臺大工學院的空間也將在未來5年內持續優化，包括：機械系館／宗倬章館更精進、工綜大樓整修與搬遷、工學院創校百年大樓規劃。江茂雄指出，機械系於2024年遷至機械系館／宗倬章館，未來高分子所、工工所、材料系、建城所等單位將遷回工綜大樓，期盼爭取到更多經費與工程專業支持，將工綜大樓陸續翻新，以提供更好研究環境，促進工學院卓越發展。

透過硬體改造、增強研究能量、擴大爭取資源投入重點研究領域、提高國際QS、USR排名、建立完善留才與攬才制度等措施，「邁向下一個百年，工學院將持續擔任台灣產業與科技發展的關鍵推手，強化國際連結、提升研究實力並落實教育創新，已成為未來發展的核心戰略，」江茂雄語重心長地說。

面對全球高等教育激烈競爭與快速變遷的產業環境，臺大工學院積極推動制度鬆綁與資源活化，期盼打造更具彈性與創新力的學術生態系。在人工智慧、永續及綠能、半導體、智慧製造等重要領域，工學院都將持續扮演人才培育與知識輸出的關鍵角色，攜手國內外夥伴成為具全球影響力的學術品牌，讓世界看見台灣在工程教育的努力與堅持。

文／陳育晟

臺大工學院大事紀

時 間	重 要 紀 事
1943年5月	台北帝國大學工學部成立，設有土木工學科、機械工學科、電氣工學科及應用化學工學科4科。
1945年11月	光復後，改名為國立臺灣大學工學院，原設4科更名為土木工程學系、機械工程學系、電機工程學系及化學工程學系4個系。
1945年12月	第一任院長：陸志鴻（1945.12 ～ 1946.7）。
1946年8月	第二任院長：魏嵒壽（1946.8 ～ 1948.8）。
1946年9月	工學院入學新生增加為土木、機械、電機及化工各1班。
1947年8月	電機工程學研究所碩士班成立。
1948年9月	第三任院長：彭九生（1948.9 ～ 1953.7）。
1950年7月	臺灣大學與經濟部中央水利實驗處合辦之「台北水工試驗室」成立。
1953年8月	第四任院長：閻振興（1953.8 ～ 1955.2）。
1955年	本院開始加倍招募新生，原本各系僅招收1班50人新生，變為本地生及僑生各1班。
1955年3月	第五任院長：鍾皎光（1955.3 ～ 1965.7）。
1960年	正式啟用由錢思亮校長、沈熊慶、陳成慶等教授悉心規劃之新化工館。
1960年8月	土木工程學研究所碩士班成立（不分組）。
1961年8月	「台北水工試驗室」呈報教育部奉准擴大設立為「農、工學院附設水工試驗所」。
1963年8月	土木工程學研究所，分4組招生（工程力學組、結構工程組、水利工程組、衛生工程組）。
1965年8月	化學工程學研究所成立。 第六任院長：金祖年（1965.8 ～ 1972.7）。

時間	重要紀事
1966年8月	機械工程學研究所成立，分材料科學、流體力學、熱力學3組，招收碩士班學生。
1968年1月	電機研究大樓（電機一館）動土興建，工程費400萬元。
1968年8月	電機工程學研究所博士班成立。
1969年6月	電機一館落成。
1970年8月	化學工程學研究所博士班成立。
1971年8月	化學工程學系擴建化工館東西兩側，空間增加40%左右，樓地板面積為1,500坪。
1972年8月	第七任院長：虞兆中（1972.8 ～ 1979.7）。
1973年8月	造船工程學研究所碩士班成立。
1975年3月	國立臺灣大學嚴慶齡工業發展基金會合設工業研究中心成立（隸屬本院）。
1975年8月	土木工程學研究所交通工程組成立。
1976年8月	造船工程學系成立。 土木工程學研究所博士班成立（不分組）。 土木工程學研究所交通工程組內設都市計畫室，開始招生。
1977年8月	土木工程學研究所衛生工程組停止招生，成立環境工程學研究所獨立招生。 資訊工程學系成立。 機械工程學研究所博士班成立。
1978年3月	地震工程研究中心成立。
1979年8月	第八任院長：翁通楹（1979.8 ～ 1985.7）。
1980年3月	由機械工程學系老師及部分系友捐款興建之志鴻館落成，系內部分之實驗室及教授研究室遷入該館。

時間	重要紀事
1981年5月	台灣營建研究中心成立（本院參與創設，1996年9月擴大改制成台灣營建研究院）。
1981年8月	資訊工程學研究所碩士班成立。 機械工程學系大學部，由原來2班增為3班。
1982年	資訊工程館落成（現為計算機及資訊網路中心）。
1982年8月	以原機械工程學研究所材料組為基礎，成立工學院材料工程學研究所碩士班。
1984年8月	資訊工程學研究所博士班成立招生。 應用力學研究所碩士班、博士班成立招生。
1985年	環境工程館落成啟用。
1985年8月	第九任院長：汪群從（1985.8～1990.7）。 造船工程學研究所博士班成立。 環境工程學研究所博士班成立。 土木工程學研究所工程力學組停止招生，大地工程組成立。 電機二館東半部落成啟用。
1986年7月	機械工程學研究所碩士班招生大幅擴展，由七十二學年度之20餘位增加至70位碩士生。
1986年8月	機械工程學研究所成立控制組。
1987年	應用力學館落成。
1987年8月	材料工程學研究所博士班成立招生。 土木工程學系大學部由原來2班增為3班。
1988年8月	土木工程學研究所交通工程組都市計畫室停止招生，成立建築與城鄉研究所獨立招生。
1988年11月	水工試驗所新館落成。

時間	重要紀事
1990年	材料工程學研究所更改所名為材料科學與工程學研究所。 國家地震工程研究中心成立（本院參與創設，2003年6月由國科會所屬單位轉隸財團法人國家實驗研究院）。
1990年11月	第十任院長：顏清連（1990.11～1993.7）。
1991年2月	工學院綜合大樓落成啟用。
1991年8月	建築與城鄉研究所博士班成立。
1992年3月	電信研究中心成立。
1992年6月	工學院院務會議通過設立「電機學院」。
1992年8月	光電工程學研究所碩士班成立招生，電機工程學研究所光電組碩士班停止招生。 造船工程學系暨研究所更名為「造船及海洋工程學系暨研究所」。
1993年8月	第十一任及第十二任院長：陳義男（1993.8～1999.7）。 造船工程學系暨研究所更名為「造船及海洋工程學系暨研究所」。 醫學工程學程開始實施。 電機二館西半部落成啟用。 資訊工程學系搬遷至資訊新館。
1994年8月	工業工程學研究所碩士班成立招生。
1994年10月	國科會電腦系統重點研發中心在資訊工程學系成立。
1995年8月	光電工程學研究所博士班成立，電機工程學研究所光電組博士班停止招生。
1996年3月	製造自動化研究中心成立。
1996年5月	計算機系統研究中心成立。
1996年7月	國科會北區電信中心於電機工程學系正式成立。
1996年8月	電機一館規劃以大學部實驗為主之使用，並完成大學部實驗室之遷移。

時間	重要紀事
1997年1月	工業工程學研究所遷入國青中心。
1997年8月	電機學院成立，電機工程學系暨研究所、光電工程學研究所與電信研究中心改隸屬電機學院。
1997年11月	石油化學工業研究中心成立。
1998年6月	國科會北區微機電系統研究中心於應用力學研究所正式成立。 財團法人台慶文教基金會成立（本院參與創設，2001年9月改為財團法人台慶科技教育發展基金會）。
1998年8月	微機電系統研究中心成立（功能性中心）。 醫學工程學研究所碩士班成立（由醫學院醫學工程研究中心改制）。 土木工程學研究所碩士班「結構工程組」丙組調整設立「電腦輔助工程組」，「交通工程組」乙組調整設立「營建工程與管理組」。 機械工程學研究所碩士班「固體力學及設計製造組」調整設立「固體力學組」、「設計組」、「製造組」；另「航空工程組」乙組調整設立「系統控制組」。 環境工程學研究所碩士班分設「環境科學與工程組」、「環境規劃與管理組」。
1999年8月	第十三任及第十四任院長：楊永斌（1999.8 ～ 2005.7）。
2000年8月	資訊工程學系暨研究所改隸屬電機資訊學院（原電機學院更名）。
2001年8月	材料科學與工程學系成立。 醫學工程學研究所博士班成立。
2002年2月	計算機系統研究中心轉型並更名為「工業知識科技研究中心」。 開始實施奈米工程學程（與電資學院共同主辦）。
2002年6月	科技創業管理研究中心成立（功能性中心，與電資學院、管理學院合設）。
2002年8月	造船及海洋工程學系暨研究所更名為「工程科學及海洋工程學系暨研究所」。船舶技術研究中心成立（功能性中心）。 高分子科學與工程學研究所成立。 開始實施科技創業與管理學程（與管理學院、電資學院共同主辦）。

時間	重要紀事
2002年9月	原功能性之微機電系統研究中心更名設置為正式編制之「奈米機電系統研究中心」，並與電資學院合設。
2002年11月	前瞻性高分子奈米科技研究中心成立（功能性中心）。
2003年8月	開始實施生態工程學程（與生農學院共同主辦）。 開始實施積體電路設計第二專長學程（與電資學院共同主辦）。 機械工程學研究所與工業工程學研究所合作，開始在機械工程學研究所博士班開辦工業工程與管理領域。
2004年2月	環境污染預防與控制科技研究中心成立（功能性中心）。
2004年3月	先進科學視算中心成立（功能性中心）。
2004年8月	開始實施高分子科技學程（與生農學院共同主辦）。 開始實施光電科技與顯示技術學程（與電資學院、理學院、醫學院共同主辦）。
2005年8月	第十五任及第十六任院長：葛煥彰（2005.8 ～ 2011.7）。 身心障礙者輔具工程研究中心成立（功能性中心）。 開始實施光機電系統學程（與電資學院共同主辦）。 暫停招生科技創業與管理學程。 暫停招生醫學工程學程。 光電科技與顯示技術學程更名為「光電科技學程」。
2007年1月	先進科學視算中心暫停運作。
2007年5月	《臺大工程學刊》暫時停刊。
2008年6月	土木研究大樓落成啟用。
2010年8月	工業工程學研究所博士班成立；機械工程學研究所博士班之工業工程與管理領域停辦。
2010年11月	工業知識科技研究中心更名為「船舶技術研究中心」，原功能性船舶技術研究中心裁併。
2011年1月	環境研究大樓落成啟用，該大樓由環境工程學研究所與本校環保暨安衛中心共用。

時間	重要紀事
2011年8月	第十七任及第十八任院長：顏家鈺（2011.8～2017.7）。
2012年9月	海洋技術研究中心成立（功能性中心）。
2013年6月	策略材料國際研究中心成立（功能性中心）。
2013年8月	前瞻性高分子奈米科技研究中心裁撤。 環境污染預防與控制科技研究中心裁撤。 碳循環永續技術與評估研究中心成立（功能性中心）。
2014年1月	開始實施全電化都會運輸系統基礎技術學程（與工學院、電資學院、生農學院共同主辦）。
2015年8月	組織工程與3D列印中心成立（功能性中心）。
2016年8月	開始實施綠色永續材料與精密元件博士學位學程。
2017年8月	第十九任及第二十任院長：陳文章（2017.8.1～2023.1.10）。 開始實施分子科學與技術國際研究生博士學位學程（與材料系與中研院合辦）。 船舶技術研究中心更名為「船舶及海洋技術研究中心」。 光電科技學程終止。
2018年1月	海洋技術研究中心裁撤。
2018年3月	身心障礙者輔具工程研究中心裁撤。
2018年8月	醫學工程學系成立（與醫學院合設，含碩士班、博士班）。 國際應用材料工程碩士班成立。 石油化學工業研究中心更名為「前瞻綠色材料高值化研究中心」。 高分子科技學程終止。
2018年11月	鄭江樓落成啟用。
2019年8月	製造自動化研究中心更名為「智能機械研究中心」。
2019年9月	土木工程學系大學部全英語授課班級（全校第一個）第一屆學生入學。

時間	重要紀事
2019年12月	碳循環永續技術與評估研究中心更名為「水科技與低碳永續創新研發中心」（功能性中心）。
2020年9月	無人載具研發設計中心成立（功能性中心，與工學院、生物資源暨農學院、電資學院合設）。
2020年11月	國家地震工程研究中心大樓增建樓層（7樓至13樓）落成啟用，本增建案為潤泰集團捐贈予土木工程學系。
2020年11月	工學院綜合新館南棟之館舍命名為「機械系館／宗倬章館」。
2021年8月	開始實施永續化學工學科技國際研究生博士學位學程。
2022年4月	華新麗華—國立臺灣大學創新研發中心成立（功能性中心）。
2022年9月	工學院綜合新館落成典禮。
2022年12月	組織工程與3D列印中心裁撤。
2023年1月	因院長陳文章就任臺大校長，由教授謝宗霖擔任工學院代理院長（2023.1.11～2023.3.31）。
2023年4月	第二十一任院長：江茂雄（2023.4～）。
2023年8月	開始實施智慧工程科技全英語學士學位學程。 開始實施工學院院學士學位。
2023年12月	工學院綜合新館北棟之館舍設為「機械系館」；舊機械工程館之館舍命名為「國立臺灣大學工學博物館」。
2024年5月	輻射應用及抗輻射技術研究中心成立（功能性中心，與工學院、醫學院、生物資源暨農學院、電資學院合設）。

國家圖書館出版品預行編目(CIP)資料

在時代之上·與世界對話：臺大工學院追求卓越80年/丁希如, 邵冰如, 陳育晟著. -- 第一版. -- 臺北市：遠見天下文化出版股份有限公司, 2025.08
312面；17×23公分. --（社會人文；BGB609）

ISBN 978-626-417-502-9(平裝)

1.CST: 國立臺灣大學工學院

525.833/101 114009841

社會人文 BGB609

在時代之上・與世界對話
臺大工學院追求卓越 80 年

作者 ── 丁希如、邵冰如、陳育晟

企劃出版部總編輯 ── 李桂芬
主編 ── 羅玳珊
責任編輯 ── 尹品心
封面暨內頁設計 ── 洪雪娥
圖表繪製 ── 劉雅文
攝影 ── 王竹君（P203）、黃鼎翔（P12、14、15、30、33、47、53、56、66、69、70、87、104、115、122、125、171、179、182、185、191、198、219、224、229、242、247、248、255、260、263、280、285、288）、游家桓（P265、276）

圖片提供 ── 王文雄（P169）、中興工程集團（P187）、卡艾瑋（P19）、林江珍（P223）、莊信賢（P273）、陳振川（P20、21）、畢恆達（P22、23）、崔媽媽基金會（P75、112、233、236）、郭重顯（P152）、黃宋儒（P28）、黃麗玲（P241）、臺大工學院（P10、11、13、14、24、25、26、27、30、31、32、37、44、77、157、158、163、206、213、216、295）、臺大土木系（P18、40、188、195）、臺大機械系（P12、43、62、142、300）、臺大工科海洋系（P16、17、266）、臺大醫工所（P92）、臺大 F-100 超級軍刀機保存計畫（P28、29、80）、蔡克銓（P174）、shutterstock（P279）
校對 ── 魏秋綢

出版者 ── 遠見天下文化出版股份有限公司
創辦人 ── 高希均、王力行
遠見・天下文化 事業群榮譽董事長 ── 高希均
遠見・天下文化 事業群董事長 ── 王力行
天下文化社長 ── 王力行
天下文化總經理 ── 鄧瑋羚
國際事務開發部兼版權中心總監 ── 潘欣
法律顧問 ── 理律法律事務所陳長文律師
著作權顧問 ── 魏啟翔律師
社址 ── 臺北市 104 松江路 93 巷 1 號
讀者服務專線 ── 02-2662-0012 | 傳真 ── 02-2662-0007；2662-0009
電子郵件信箱 ── cwpc@cwgv.com.tw
直接郵撥帳號 ── 1326703-6 號　遠見天下文化出版股份有限公司

內文排版 ── 立全電腦印前排版有限公司
製版廠 ── 東豪印刷事業有限公司
印刷廠 ── 鴻源彩藝印刷有限公司
裝訂廠 ── 聿成裝訂股份有限公司
登記證 ── 局版台業字第 2517 號
總經銷 ── 大和書報圖書股份有限公司 | 電話 ── 02-8990-2588
出版日期 ── 2025 年 8 月 27 日　第一版第 1 次印行

定價 ── 600 元
ISBN ── 978-626-417-502-9 | EISBN ─9786264174947（EPUB）；9786264174954（PDF）
書號 ── BGB609
天下文化官網 ── bookzone.cwgv.com.tw